STAY WILD

ステイ・ワイルド

自然の中で過ごす極上のキャビン

g

Table of Contents 目次

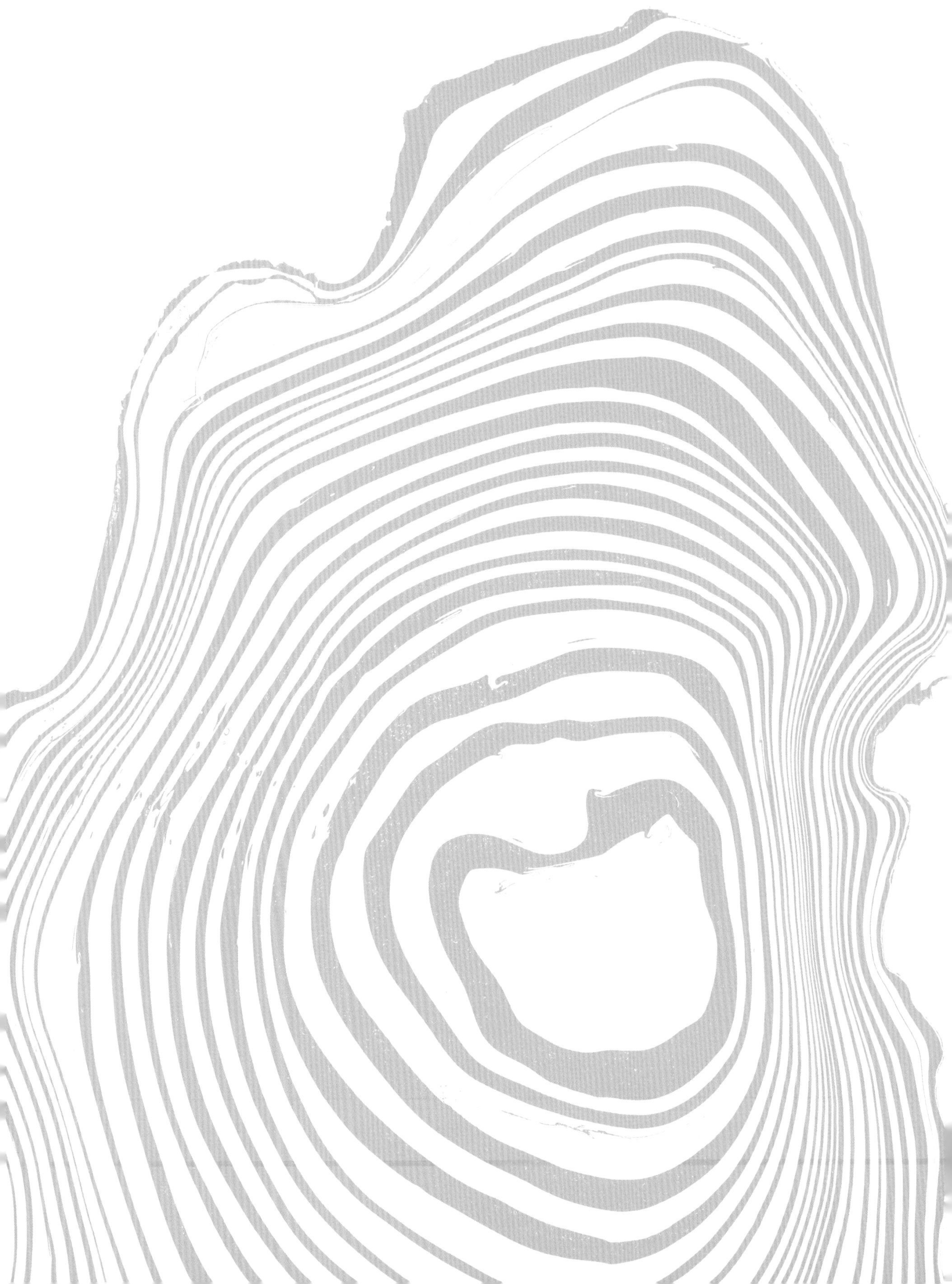

はじめに：
アウトドア・ライフ

英国グラストンベリー・フェスティバル共同主催者
エミリー・イービス

父と私は、ここワージー・ファームで世界最高峰の音楽フェス、グラストンベリー・フェスティバルを主催している。このフェスには、ピラミッド・ステージ、出演者、深夜エリア、泥エリア、マジックなど、さまざまな立場と要素があるので、人によってそれぞれ異なる意味を持つ、と思うようになった。しかし、このフェスの核心は、自然と、そこで過ごすアウトドア・ライフの祝福。毎年6月、20万人を超える来場者をこの美しいサマセット平原に迎え入れるが、フェス中のこの5日間は、シンプルでのどかな生活をするしかないからだ。

布張りのテントで眠る。移動は徒歩。こうして自分たちが天気に密接に同調していることに気づくのだ。避難所や日かげが必要なら木を探す。ゆったりしたいと思ったら、草の上に腰を下ろしておしゃべりや読書を（バッテリー節約のため、スマホを見続けるのは無理）。トイレはどうなっているかって？　「機能的」とでも言っておこう。

それでも、私が出会った多くの人々は、グラストンベリーが世界で最もお気に入りの場所で、この5日間が愛おしいと言う。それは、原点に立ち返った田舎のライフスタイルの5日間だからだろう。リセットし、ゆっくりし、その瞬間だけを生きる。そんなふうに過ごすと、「田舎のアウトドア・ライフはなんてすばらしいのだろう」と感じる。

ワージー・ファームで育ったことはとても幸運だと思っている。ここは私の家族が6世代にわたって住む場所。一時、ロンドンに住んでいたときは、よく谷や木々に焦がれ、鳥の声を欲していた。しかし、最も懐かしく思ったのは季節だ。大都市にいると、雨が降っているか暑いかどうかはわかるが、自然界の美しさの指標となる季節には気づかずに日々が過ぎていく。サマセットに戻った今、春の待雪草の最初の開花や落ち葉が褐色に変わり始めるのを見て、私は自然の中でとても快適に過ごしている。この潮の満ち引きのような季節の移り変わりは、広い視野を与えてくれるのだ。

ここは、自然のすばらしさと力強さに満ちている。それが、父と私がこの地球を守ることを、フェスの大きな使命としている理由だ。ここ何十年もの間、私たちは気候変動への意識を高め、地球を守り、癒すのに役立つ生き方を探ってきた。私たちの農場には、個人所有としてはヨーロッパ最大の太陽光発電施設（牛舎の屋上）があり、嫌気性消化装置でワージー・ファームの牛たちの糞を電気に変換している。フェスでは使い捨てのペットボトルの販売を禁止し、何百万ものペットボトルを埋め立て地に送らずにすんだことを誇りに思う。

このような価値ある意志表示ができる立場にいることは、とても幸運だと思う。その舞台を持つことを、真剣に受け止めなければ。しかし、日々の小さなことだって、本当に重要だ。誰もが変化を生み出すむような行動ができるのだ。そしてそのひとつは、時間をかけて自然を楽しみ、感謝すること。自然は、私たちのすぐそばにある。このすてきな本の助けを借りて、その世界に飛び出そう。この本の美しい写真や情報を見て、心に刻み、大切にしてほしい。

なくしたものと見つけたもの スコットランド高地にて

スコットランドの大自然を背景に建つ、改修された意外な隠れ家ペア

THE FERRY WAITING ROOM
（ザ・フェリー・ウエイティング・ルーム）
スコットランド
ローモンド湖・トロサックス国立公園

美しい渓谷が一望できる場所。視界をさえぎるものは何もない。そこに「山小屋」と、役目を終えた「待合室」が隣り合って並んでいる。少々不釣り合いなペアに見えるこの２軒は、斬新な高原の隠れ家ペアとしてこの場所に移される前は、ごみ捨て場に無造作に置かれていたのだ。「待合室」は４人用の落ち着いたベッドルームになった。壁はすべて白、洗練されたテキスタイル、モダンな調度品が揃っている。「小屋」のほうはというと、合板とさね継ぎの寄せ木壁という素朴な内装で、小さなキッチンとリビングになっている。どちらの建物からも、このうえなくすばらしい景色が見られることは言うまでもない。

ローモンド湖とトロサックス国立公園の中心部に位置し、ここはアカリス、ハイタカ、アカシカなど野生動物の安息地でもあるので、玄関先で出会うかもしれない。足をのばせば周辺エリアのベン・モア登山や、ヴォイル湖やドイン湖での釣りも楽しめる。

Argyll & Bute Council
FERRY WAITING ROOM

丘に向かって走る

見たことのない自然美。
2つの丘陵地に挟まれて建つぜいたくなツリーハウス

ORCHARD TREEHOUSE
(オーチャード・ツリーハウス)
イングランド
ウスターシャー

中世の荘園の敷地には堂々としたキプロス杉。その間に、とても印象的なツリーハウスが建っている。北側にはコッツウォルズ丘陵、反対側にはマルバーン丘陵。この2つのみごとな景色を臨む「オーチャード・ツリーハウス」は、キングサイズのベッドが中央にあり、ナチュラルな色調で品よくしつらえられている。螺旋階段を上がると中二階。小さな窓の脇にゆったりしたバスタブがあり、お湯につかって夕日を眺めることができる。バスルームにはシャワーと水洗トイレ。テラスには、木々の近くでリラックスできるホットタブも備わっている。点々と植えられた果樹、小川のせせらぎ……。まわりは深い緑と完璧な静寂に包まれている。野生のシカ、ノスリ、キツツキ、メンフクロウも、ゲストを楽しませてくれるだろう。

ORCHARD
TREEHOUSE

LIFE IS
BETTER
IN THE
MOUNTAINS

これもひとつのハイブリッド

アメリカ製スクールバスと フォルクスワーゲン・キャンパーが生み出す、唯一無二の隠れ家

HINTERLANDES
（ヒンターランデス）
イングランド
湖水地方

1台がもう1台を背負った車。この不思議な車両コンビ「ヒンターランデス」は、カンブリア郡の湖水地方、イングランド最大の国立公園内にある。そこは、数あるトレイルから野生のシカ、カワウソ、猛禽類を観察できる場所でもある。

下層のバス部分は、英アーガ社のクッキング・オーブン、温水シャワー、バイオトイレを完備。はしごを登るとキャンパー部で、外の眺めが楽しめる広い窓に囲まれたベッドルームになっている。そして、「ヒンターランデス」からの眺めは、いつでも驚くほどすばらしいのだ。なぜなら、自由に動けるというメリット最大限に生かし、自然への影響を最小限に抑えるために、1年の間に何カ所か場所を移動しているから。あるときは、朝起きたら好奇心旺盛な羊に囲まれているかもしれない。またあるときは、小川のせせらぎがＢＧＭになるかもしれない。しかし「ヒンターランデス」がどこにいようが、焚き火を囲んで座り、屋外に設置する薪焚きのホットタブでリラックスできるのだ。

穏やかな瞑想のための シンプルな小屋

ブラック・マウンテンの幽谷の地。 ワイルドで隔離された自然と溶け込む暮らし

GWENNOL
(グウェノル)
ウェールズ
ブラック・マウンテン

この美しい羊飼い用のワゴン「グウェノル」は、森のエキスパート、ジェームス・ノーブルによる手作りだ。オーナーはモリー・ギルバート。ここなら日々の都会暮らしからかけ離れた環境に身を置くことができる。「グウェノル」は川の近くにあり、交通手段は徒歩、馬、もしくは自転車のみで、ここでの生活はシンプルそのものだ。焚き火台にはゆっくりと調理するタジン鍋が下がり、ただリラックスして時の流れに身を任せればいいと思わせる静かな雰囲気がある。周囲には数多くの登山道があり、ポニーに乗ってトレッキングしたり、川でカヌーを操ったりと、アウトドア・ライフが体験できる。

世界はあなたの足元に

イングランドで最も愛されている州のひとつ
延々と田園風景が広がる

BIG SKY LOOKOUT
（ビッグ・スカイ・ルックアウト）
イングランド
デヴォン州

ここ「ビッグ・スカイ・ルックアウト」は、田舎特有のゆとりと静けさにあふれている。とくに夏、スライドドアを開けたときはすばらしい。板材で造られたシンプルで魅力的な小屋は、外側は深い紺色、内側はナチュラルな木目、窓枠はロイヤルブルー。小屋の外の木には2台のブランコ。ブランコに揺られて足元に広がる世界を眺めていると、さまざまな思いが頭をよぎる。デッキの向こう側にはトライポッドの焚き火台があり、1日の終わりに屋外で料理が楽しめる。

2つの海岸線に囲まれ、田園地帯が広がるイングランド南西部のデヴォン州では、ハイキングやクライミング、カヤック、サーフィンなどアウトドアでの遊びに困ることはない。しかしシンプルにリラックスしたい人にとっても、この隠れ家にいれば、夏には美しいワイルドフラワーにあふれた草原を、秋にはたくさんの野イチゴの収穫を楽しめる。周辺は野生動物の楽園で、蝶、鳥、アナグマ、キツネ、シカ、フクロウなど、自然派の人にもおすすめだ。

thorn
bumble bee

Blackberry

honeysuckle (lonicera)

おとぎ話から出てきたもの

古代の森の中、
星空の下で心地よく眠る

MIDSUMMER MEADOW BED
（ミッドサマー・メドウ・ベッド）
イングランド
ダートムーア国立公園

日光がさんさんと降り注ぐ、古の森の一画。夏のそよ風に、ゆらゆらと揺れるワイルドフラワーに囲まれている様子を想像してほしい。草の上にはベルテント。木の下には倒れたユーカリの木から削り出された、4柱式のとてもすてきなベッドがある。この素朴な情景はおとぎ話ではなく、イングランド南西部デヴォン州の星空保護区内にある。グランピングのための隠れ家「ミッドサマー・メドウ・ベッド」は、キャノピー&スターズ社の共同創始者であるトム・ディクソンとパートナーのヴァシュティ・カシネリによって造られた。夏の間の数ヵ月だけオープンしていて、クッションが効いた天蓋付きのベッドで、森林の音の中で眠る珍しい体験ができる。天蓋を開けば満天の星。そして、朝食でいっぱいのバスケットと共に、静かな朝を迎えることができる。すぐ近くの小屋には、バスルームと紅茶をいれる部屋がある。

ところでベルテントは？　そこはトレイル・ウォークや、川や湖で泳いだ後にひと休みする、おとぎ話のような場所なのだ。

MIDSUMMER MEADOW BED　|　ミッドサマー・メドウ・ベッド

モンゴル式のユルトでリラックス

万華鏡のようなテントで
ボヘミアン・スタイルのグランピング

KINTON CLOUD-HOUSE YURT
(キントン・クラウド-ハウス・ユルト)
イングランド
シュロップシャー州

「キントン・クラウド-ハウス・ユルト(モンゴル語で「ユルト」は家の意味)」に一歩、足を踏み入れると、夢のような虹色の生地で覆われたインテリアに目を奪われる。キャンドルと太陽光発電の繊細な灯は魅惑的な雰囲気で、まさにボヘミアン・スタイルでリラックスできる。やわらかなフリースやシープスキンの毛布がたくさんあり、薪ストーブの暖房を補っている。大型の木製デッキにユルトが建つ私有地からは、いくつかの専用ハイキング・トレイルにアクセスできる。この野生動物の楽園では、アカトビがよく観察できる。

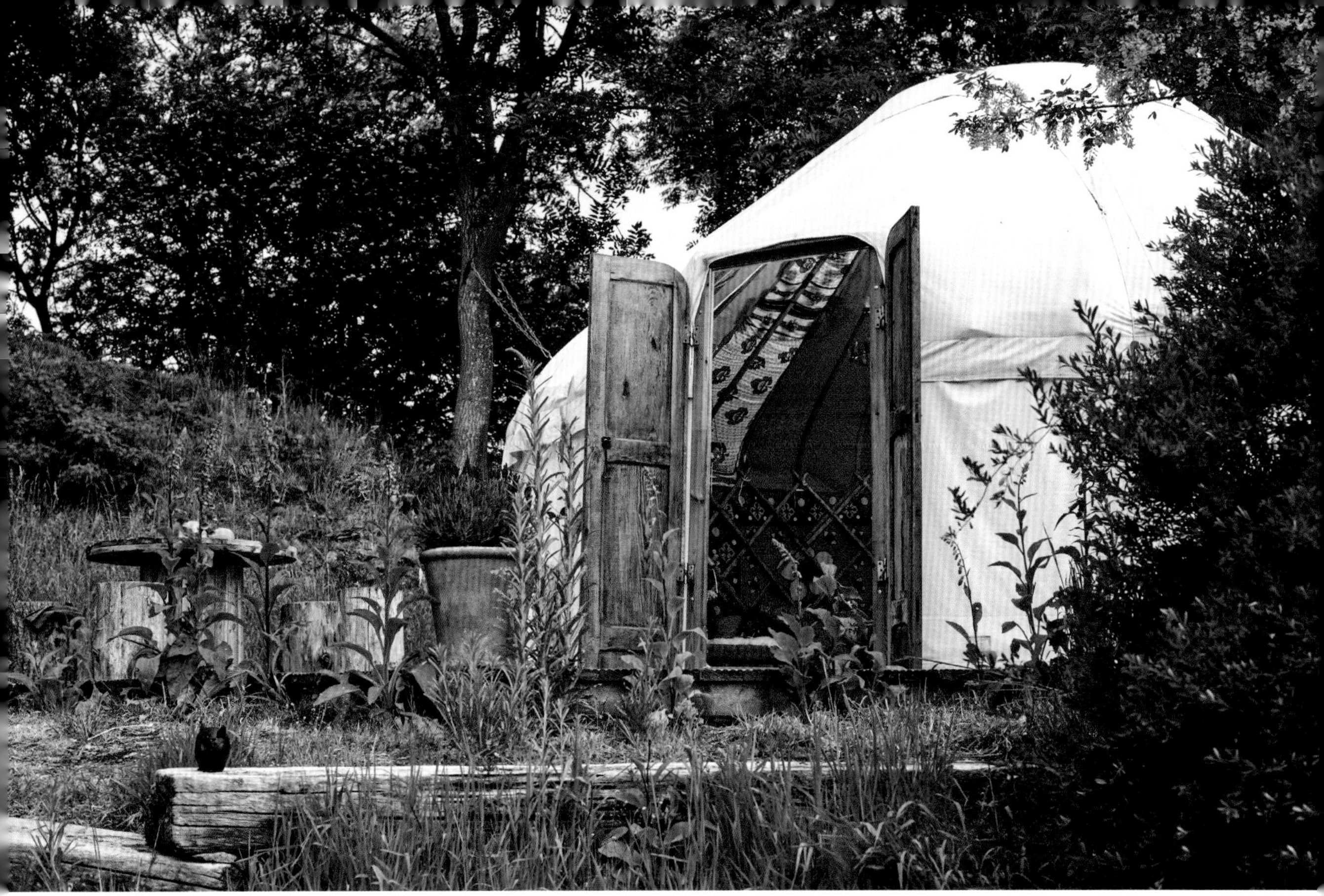

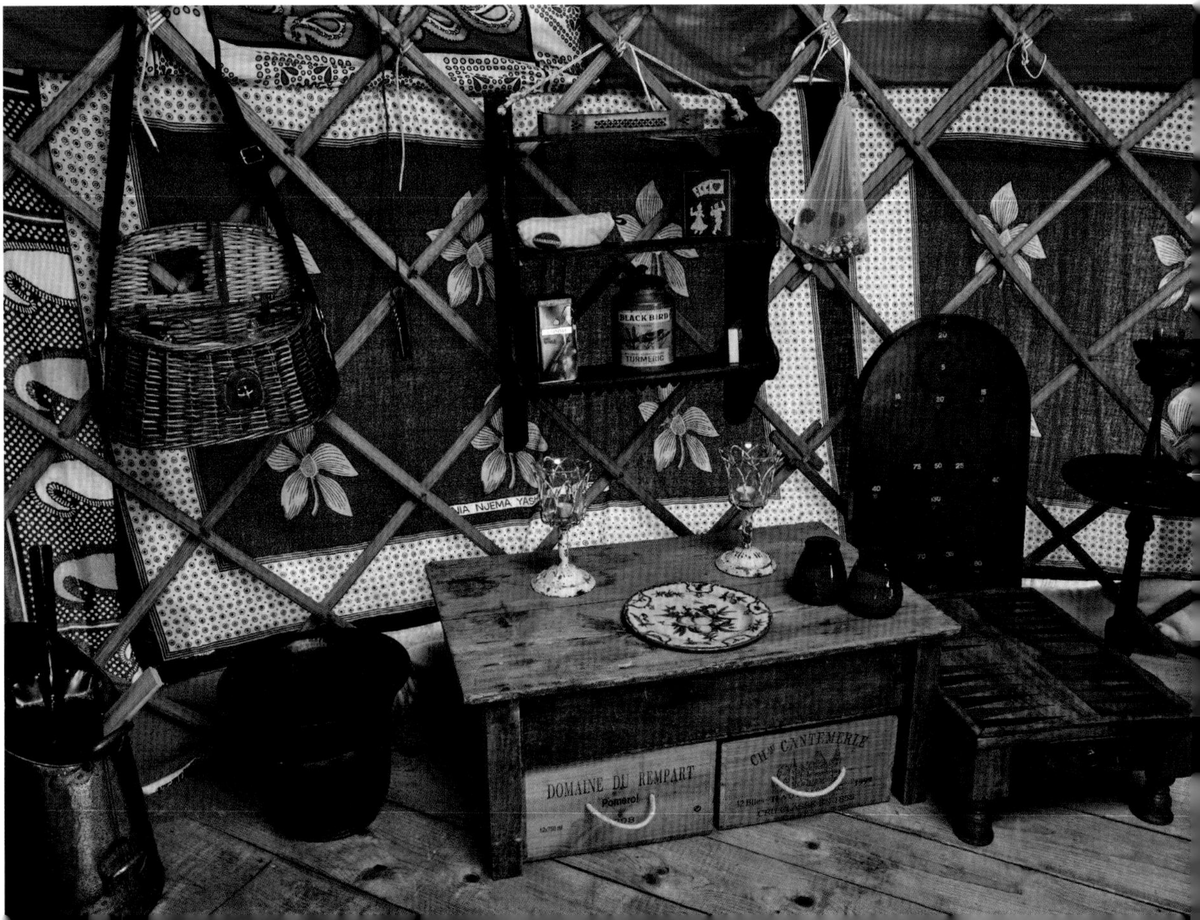

KITU CHOCHOTE

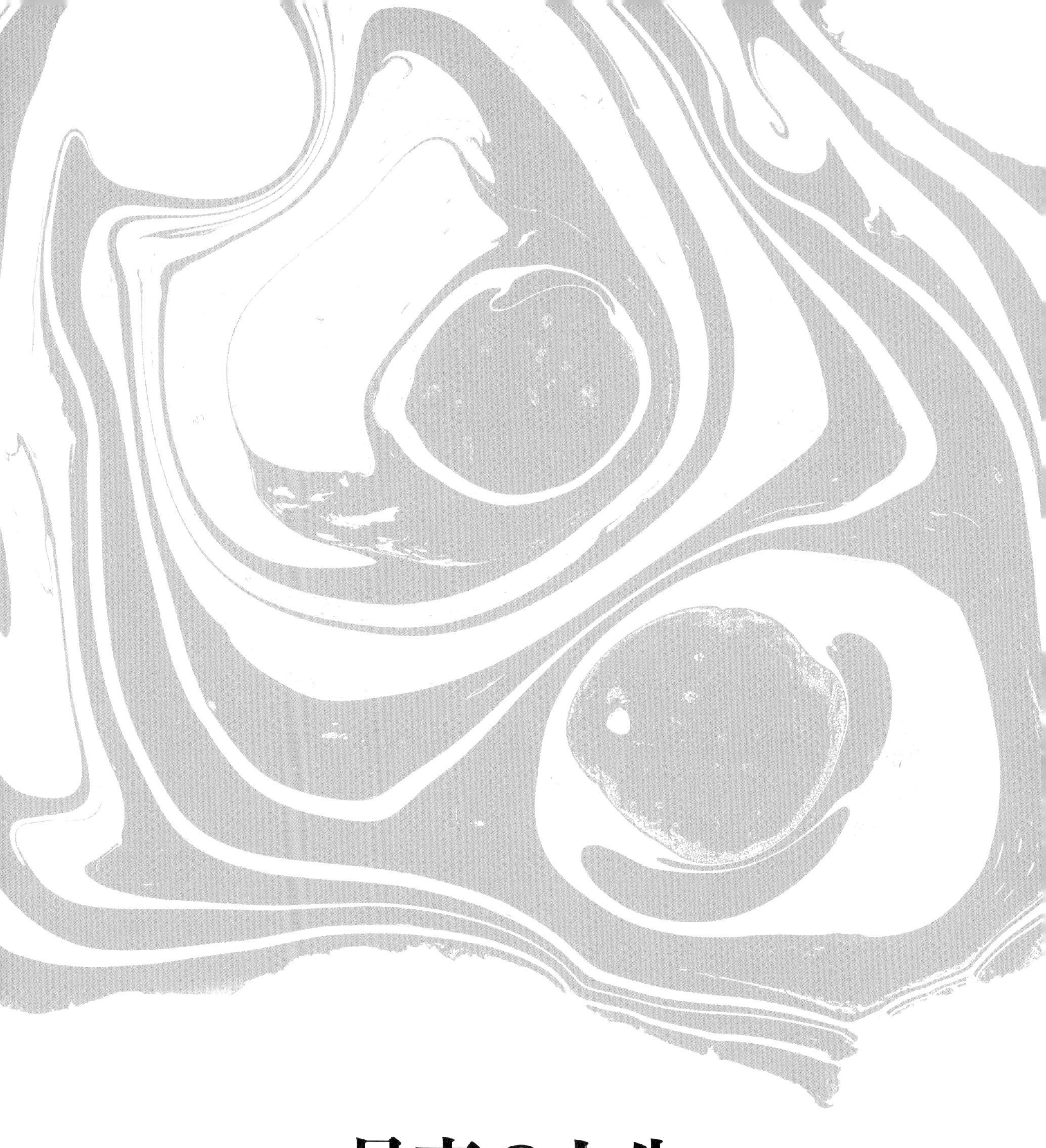

最高の人生、
もっとワイルドに

The Ultimate Life More Wild

今までとは違う生き方を求めた野心家たちは、大自然との深いつながりを見つける
——ひらめきを与えてくれる３つのストーリー

キャノピー＆スターズ社
クリス・エルムス

「都会から一歩踏み出したとたん、何百ものことが争うように私たちの興味を引こうとする。ワイルドな場所にいるだけで、まわりの雑音がないすばらしさを感じられる」

日々の生活から逃げ出して田舎に住んでみたいと、私たちはいつも夢見るものだ。仕事を辞め、都会に別れを告げ、自然に溶け込んで暮らすことを空想する。しかし、ほとんどの人はこの夢をどこからスタートしたらいいかわからず、くじけてしまい実現できない。ここに実際に行動を起こし、大自然とともに暮らす最高の人生を勝ち取った３つの事例を紹介しよう。大工修行が森のワークショップ経営につながった人。荒れた屋敷を数えきれないアイデアで救った人。車輪付きの家を自由のシンボルに作りあげた人だ。

「都会では時間が経つのがわからなくなる。早い時間でも遅い時間でも、妨げるものなく行動できるからだ。でもアウトドアでは暗くなればやめ、明るくなったらまた動き出す」

これはヘレフォードシャーのブルック・ハウス・ウッズにあるツリーハウスとワークショップのオーナーであるペニー・タスカーと、パートナーのウィル・カービーが田舎に引っ越してすぐに悟ったことのひとつである。ふたりはロンドンでアントン・チェーホフ作の劇に出演していたときに知り合ったが、タスカーはいつも本当の自分の居場所はここではない、と感じていたと言う。

「アパートはジャングルのように装飾して、暇さえあれば都会の中で緑を探していたの。自然に恋焦がれていたのはまちがいなかったわね」

そう彼女は回想する。そんなある日、カービーにブルック・ハウス・ウッズで大工職の見習いと手伝いをするチャンスがめぐってくる。生木を加工する木工業者と出会ったのだ。

「都会から一歩踏み出したとたん、何百ものことが争うように私たちの興味を引こうとする。どこかに行く、ものを買う、何かに関わるように仕向けられる。ワイルドな場所にいるだけで、まわりの雑音がないすばらしさを感じられる。週末だけの体験ではなくて、暮らしのすべてをそうしたかったんだ」

と彼らは言い、この機会を逃がさなかった。ロンドンのアパートから田舎のトレーラーハウスに、半年もかけずに引っ越した。それから数年のうちに、６棟のゲストハウスを建て、多数の大工の卵を森の教室に招き、完全に田舎の環境に溶け込んでいった。

「人生はめぐりめぐっている、明るさや暗さという意味だけでなく人々も。夏、ここは木工教室のゲストでいっぱいになり、毎日みんなで食事をする。冬は私たち２人と薪ストーブ

だけで静けさを堪能する。でも春がやってくると、だんだんと忙しくなってくる。季節にゆるやかに従って生きるなんて、なんてすてきなこと！」

自然豊かなスコットランド高地、アビーモア近くにあるインシュリアック農場。そのオーナーであるウォルター・ミケルスウェイトにとっては、季節に従うのはそう簡単ではなかった。しかし、彼は自由でクリエイティブになれる土地と場所が大好きだった。ミケルスウェイトの家族は1970年代、当時「見栄えはあまりよくないが、定年後を過ごすには十分だろう」というこの農場の所有権を得る。2008年、彼はアンティーク売買の仕事を辞め、永遠にかかりそうな農場の修復を始める決意をする。環境を守りながら、工夫し、人々の興味を引くことが彼の楽しみである。彼は言う。
「しばらくの間、ここには羊と白い馬たちしかいなかった。ナルニア国みたいにね。でも牧草が食べ尽くされていないときのほうが農場は見栄えがいいね。毎年やってくる害虫駆除業者によると、ここではほかでは見られない種類がいるそうだ。昔ながらのやり方で、長い歴史があるものをうまく

「人間がすることはすべてまちがっているといつも考えていたの。シンプルであるべきなのに、どんなものも複雑になっている」

使い、再使用しリサイクルをすることがとても気に入っている。例えば、古い鉄道の駅舎を丘の上からここに運んだ。これとヴィクトリア調の大邸宅を解体した一部で、何かすごいものを造れるのでは、と考えているよ」

ともあれ次に追加されるものは、小さなジンの蒸留所、手造りの羊飼いの小屋。800キロ南にある博物館から運転してきて、芸術家が住む小屋に改築された古い軍用トラックといっしょに置かれることになるだろう。森には馬を運搬するトレーラーを改造したサウナまである。ミケルスウェイトは、止めどなく出てくるアイデアで将来のプランに困ることはないが、農場をひっきりなしに使うことや、ゲストがまた訪れたくなる未開の大自然を台無しにするようなことは避けている。何マイルも続く深い雪のじゅうたんを眺め、彼は笑いながらこう断言する。
「ここを管理、保護できることを幸運に思う。この場所にはここだけの雰囲気と美しさがある。でも、もうそろそろ、ものを置く場所がなくなってきている。ここを人であふれかえらせたくないんだ。人はものをだめにする、そうだろう？ゲストは少しずつ招かなくてはいけないんだよ」

ミケルスウェイトの話には少し遊びの要素が感じられる

が、スペインで車輪付きの家を自分で造った、エリザベス・ピアソンの場合はどうだろう。モダンな暮らしに疑問を感じていたことが、自然の中で生活するきっかけになった。

「人間がすることはすべてまちがっているといつも考えていたの。シンプルであるべきなのに、どんなものも複雑になっている。住みたくもないアパートの家賃を払うために、気に入らない仕事をするようにね」

そこで、彼女は眺めを変えればよいと考え、スペインの南の海岸沿いに引っ越すが、結局同じことのくり返しになってしまった。そして収入を得て生活することから、単純に収入に頼らない生活へと気持ちを切り替えたのだ。一輪付きの古い金属製の車体が、彼女の新しい人生の土台となった。車でけん引できるその小さいスペースに、必要なものをすべて詰め込んで旅に出た。しかし、現実は甘くはなかった。

「自分はクリエイティブだと思っていたけれど、家造りだなんて。一度ウサギ小屋を造ったことがあったくらいかな」

小さな段ボールの模型を作り、何時間もユーチューブを見て、そして近所の人の助けも得て、何とか新しい家は形になっていった。壁はアパートの近くに捨ててあった木。台所のユニットは道路脇で見つけたもの。家の隅から隅まで利用できるよう、考え抜いた。約1年間、週3〜4日は時間が許す限り、そして最後の数カ月間は昼夜を問わず、集中的に家を建てていった。結果、普通の家のリビングほどの広さに、3部屋ある家ができあがった。それは暖かいスペインの夏をアウトドアで過ごすのにぴったりで、環境にやさしく、山岳地帯の寒い冬でも簡単に暖をとれる。ピアソンは、住みかとなる場所まで家を運んだときのことをこう語る。

「今まで生きてきた中で最高にすばらしく、恐ろしい旅だった」

でも、彼女は目標を成し遂げたと確信している。彼女はこの「小さな木の家」で、まず3年間のんびりと暮らし、そして新しく身につけた建築のスキルを生かし、さびれたフィンカ（スペイン語で大農場の意味）を再建する、とても魅力的な仕事に出会う。しかし、彼女は自分の小さい家にゲストを迎え入れることは、建てることと同じくらいすばらしいと感じている。

「ゲストは来て、泊まり、そして感銘を受けて帰っていく。あるカップルはここに滞在している間ずっと、帰ってから建てる家の計画を練っていたわ。この小さな家が人々に大きなアイデアを与えるなんて最高に幸せ」

Merci de penser
à déposer vos déchets dans le
container mis à votre disposition.
Il y a un container pour le verre
au village.
Welcome

ボヘミアンの感性にひたる

南フランスの湖畔、「今にも壊れそうな」小屋でくつろぐ

LAYENIE UNDER THE STARS
（ライェニー・アンダー・ザ・スターズ）
フランス
ロット・エ・ガロンヌ県

「ライェニー・アンダー・ザ・スターズ」の庭から、ギシギシと音をたてる階段を上ると、オープンデッキに出る。そこからは、フランス南西部のすばらしい景色が見渡せる。手造りされた木の小屋の主要部は、キッチン、リビング、天蓋付きのベッドがあるベッドルームで、そこは色彩と創造性にあふれている。階下のバスルームには、温水シャワーとバイオトイレが備わっている。

ここは歴史ある街、アジャンからほど近く、田舎の平和で静かな時間を楽しむのにぴったりだ。ボヘミアンの感性にひたる、周辺を散策する、夜はフクロウの鳴き声に耳をかたむける……。そんなことが難なくできてしまう場所なのだ。

ヨークシャー高原で
スターなみのおもてなし

キャンプファイヤー仲間と豪華なスイート

STAR SUITE
（スター・スイート）
イングランド
ヨークシャー

森でのリトリートを提供するノース・スター・クラブには、８軒の家がある。その中で最も豪華なプライベート・スイート「スター・スイート」では、オーナーであり数々の賞を受賞したデザイナーのクリスティアン・ヴァン・アウターステープとキャロリン・ヴァン・アウターステープが「最高の森のリトリート」と名付けた体験ができる。４柱式のベッド、ぴかぴかの銅製のバスタブ、屋根付きのバーベキュー用デッキ、プライベート・サウナなど、ここはグランピング用の豪華な装備をあますことなく備えている。

それだけではない。クラブは20世紀初頭の裕福なアメリカの実業家をも満足させる、荒野の隠れ家を参考にしているのだ。静かなヨークシャー高原の中の、200ヘクタール（500エーカー）もの森林に建つこの美しく設計されたロッジの内部は、無垢板張りの床、黒大理石タイル張りのバスルーム、豪華なテキスタイルで飾られている。ここに集うクラブ仲間が紅茶と手作りのケーキを楽しむリラックス小屋まである。また、屋根のある心地よい焚き火台を囲んで、マシュマロを焼きながら会話を楽しむのもよい。

サーカス用ワゴンを
ラグジュアリーなリビングに

手つかずの自然が残る、
イングランド西部の田園で

STARGAZER'S WAGON
（スターゲイザーズ・ワゴン）
イングランド
ヘレフォードシャー

野の花々が咲き乱れる2ヘクタール（5エーカー）の牧草地の端にある「スターゲイザーズ・ワゴン」。ここは、電気も通っておらず、何日でも自然の一部になれるほど孤立している。木材の土台に載った均整のとれたワゴンは南を向いていて、少なくとも5つの郡をパノラマ写真のように眺めることができる。静けさ、緩やかな丘陵、夏の新緑などを誇るイングランドの田舎の中でも最高の地域である。日中は古い砦や廃墟が数多く見られる田園を散策し、夜には焚き火台に火を入れ、夕日を眺め、フクロウの鳴き声を聞きながら、デッキ脇にあるバスタブに身を任せる。ワゴン内部は広々としていて、ベッドルームにはダブルベッド、リビングはレザーのソファと薪ストーブ。どこも自然な色合いの上質なファブリックで飾られている。

チェックインしたゲストは、材料がほどよくストックされたキッチンを使うこともできる。しかし最初の晩は、オーナーのヴィクトリアとクリス・ドレイパーの心づくしの夕食に招待してもらえる。

コーンウォールで 先史文明を体験する

ヨーロッパ随一の保存状態を誇る「鉄器時代村」から 400メートル。古代の家で眠る

THE ROUNDHOUSE
（ザ・ラウンドハウス）
イングランド
コーンウォール州

「ザ・ラウンドハウス」は、コーンウォール州のランズエンド岬に建っている。ここでは、鉄器時代の英国の田舎暮らしという貴重な体験ができる。40ヘクタール（100エーカー）のボドリフティ・オーガニック農場の一角を占め、静かにたたずむラウンドハウスは、農場のオーナー、フレッド・マスティルが21世紀初頭に建てた。新ミレニアムを祝う目的で建てられたものでもあり、ヨーロッパ随一の保存状態を誇る鉄器時代村から1マイルも離れていない。石、藁、かやで造られていて、古き時代の雰囲気が忠実に再現されている。

夜は花柄織りの布と柳のヘッドボードの手造り4柱ベッドでまどろみ、夜明けになると小鳥のさえずりが優しく目覚めさせてくれる。同じ敷地内の、木に囲まれたツリーハウスには、キッチン、リビング、バスルームが備わっている。

手作りの工芸品

彫刻のようなクラック様式の家の命名は、竜の形のジョイントから

DRAGON CRUCK
（ドラゴン・クラック）
ウェールズ
ポーイス

この２人用の特別な別荘は、ウェールズのヴェルヌイ湖を抱く渓谷を臨む森林の一等地にある。樹木医でオーナーのマイク・ケンプと、彼のチームの手によるこの家は、屋根の素材から湾曲した木材（「クラック」は湾曲した木材の意味）まで、すべて近くの森の資源でまかなっている。キッチンは屋外。とても開放的な雰囲気で、周囲の大自然とともに迎えてくれる。キツネ、アナグマ、ウサギ、カラス、カケス、キツツキなど、この地に棲む野生動物に出会える静かな場所で、スイミング、ハイキング、ピクニックなども楽しめる。

誰も見ていない木の下で

旧邸宅ウォルコット・ホールの奥に根付く、ていねいに修復された教会

THE CHAPEL
(ザ・チャペル)
イングランド
シュロップシャー州

深い森と野生動物が生息する地に建つ隠れ家。ここでは、ユニークでおとぎ話のような過ごし方ができる。外壁は波形のブリキ板、内装は木張りで、その空間自体に大都市の暮らしを忘れさせる夢のような雰囲気がある。快適な設備の中でとくに注目したいのは、英レイバーン社のクッキングストーブ、大理石のバスタブ、そして教会特有のステンドグラスと今も使えるオルガンだ。敷地内での行動は自由で、少し歩けば、クジャクがいる樹木園や森の奥の湖にたどり着く。さらに足を延ばせば、シュロップシャーの丘。ここではどこまでも続く快適なハイキングもできる。

ST JOHN'S MISSION CHURCH
MUXTON

モルヴァン丘陵の小スウェーデン

スカンジナビア風バーベキュー小屋を、魅惑的なスウェーデン風コテージに

LILLA STUGAN
(リラ・スタガン)
イングランド
ウスターシャー

ナップ&ペーパーミル自然保護区の片隅、100年の歴史を持つリンゴ園に愛らしい家がある。これは2世代にわたるスカンジナビア系の家族による作品で、「小さなコテージ」風の造り、マツ材の内装、色のテーマは赤と青。そんなスウェーデン風のスタイルが、この家のそこかしこにあふれている。木々に囲まれた巨大な焚き火台では、どんなシチューでもゆっくり煮込むことができる。

ここは、夏には濃い緑の草に覆われ、秋には太い枝にリンゴがたわわに実る美しい場所。敷地内には自然保護区へ直接入れるゲートもある。

コーンウォールで
昔懐かしいキャンプを

自然と一体化するかのような、
木製キャビンでの古きよき過ごし方

WOODLAND CABIN
（ウッドランド・キャビン）
イングランド
コーンウォール州

おとぎ話に出てくるような木製キャビンは、近所の木かアップサイクル木材で手造りされたもの。シンプル・イズ・ベストである。

夜間用のソーラー発電ライト以外、生活設備はすべて薪。水道はオーナーのリサとニール・マディーの手掘りの井戸から引いている。持続可能な生活への2人の取り組みと、古きよき時代のキャンプ・スタイルへのあこがれが、このキャビン全体にあふれている。

ここでの過ごし方といえば、周辺をぶらぶら散歩したり、食べ物を探したり、キャンプファイアー用の薪を拾ったり。昼間にあたりを歩いてみれば、神秘的な森の散歩道や、海岸に出る崖の小道も見つかるだろう。また、近くの集落にあるパブからお誘いを受けるかもしれない。

POACHER'S
CABIN

フランスの森で
素朴なひとり時間

自然公園内の湖畔に建つ
スタイリッシュな小屋

POACHER'S CABIN
（ポーチャーズ・キャビン）
フランス
ペリゴール・リムーザン地域

釣り人用の掘っ立て小屋に繊細な修理が施され、ここ「ポーチャーズ・キャビン」は、人里離れた森の隠れ家へと変身を遂げた。

リビングは広くオープンな設計、その上にベッドルームを設けた造りで、節くれだった無垢の扉、削り出しのキッチン台、クリの木板のベランダなど、この小屋のテーマは「素朴」である。電気は通っていないが、プロパンガスの湯沸かし器とシャワー、ソーラー発電のライト、バイオトイレなど、設備は快適だ。この小屋の所有者は、野生動物のテレビ番組の司会をするケイト・アンブレと夫のルド・グラハム。自然公園内にあるこの小屋から、多くのオフロードの自転車道やハイキング・トレイルにアクセスできるのは、当然の成り行きだろう。

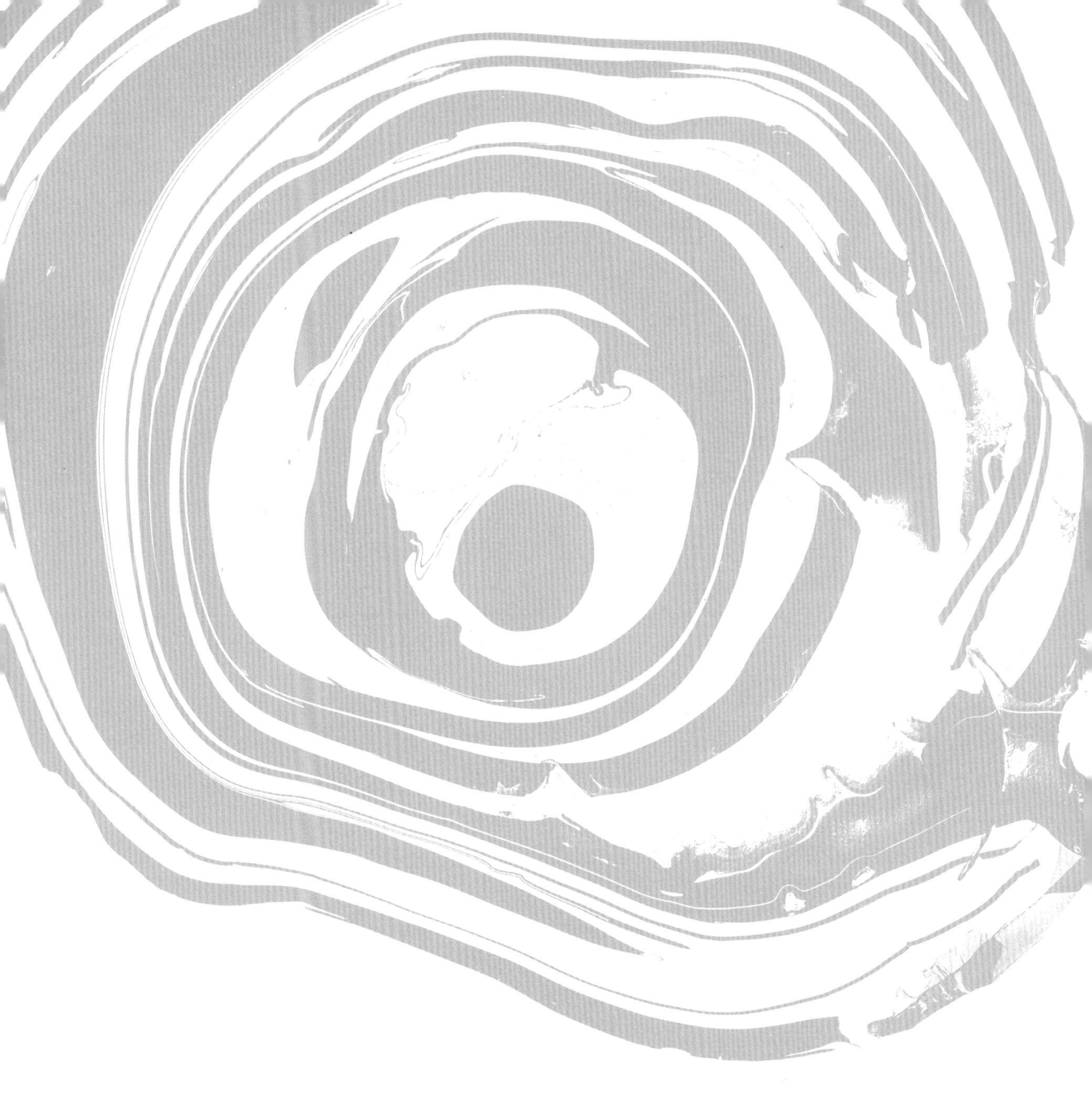

アウトドアを科学する

The Science of Stepping Outside

アウトドアで過ごす
物理的、心理的影響を考察してみよう

心理療法士、作家
ルース・アレン

私たち生来の自然との進化的つながりとして、アウトドアで過ごす時間から得られる恩恵は、その気になれば感じられる。

どこか自然の中で過ごそうというときに訪れる場所は、何も魅惑的とか刺激的とか、ちょっと癖のあるところばかりとは限らない。そこに美しい空間があり、自然が織りなす天国のような場所に人が造ったキャビンがあればそれでいい。出かける理由は、外界からの連絡を断ち切り、緊張をほぐし、リラックスできるようによく考えられた居住デザインと、自然の本質である回復と癒しの恩恵があるからだ。

幸運なことに、あるいはより正確に言えば、私たち生来の自然との進化的つながりとして、アウトドアで過ごす時間から得られる恩恵は、その気になれば感じられる。静かに外に座ったり、目的を決めずにぶらぶらしたりすればいい。目を閉じれば、動物の声や雨風の音も聞こえるだろう。私の場合、胸が高まり最も記憶に残っているアウトドアでの時間は、ただまわりの美しさを観察し、唯一無二だけれど小さな自分の存在を認識し、そして存在すること自体を楽しんだときだ。アウトドア活動は何かとすることが多く、そこからさまざまなメリットがあるのだが、研究によると、いい感じに配置された窓から自然を眺めるだけでも、身体的および精神的な健康メリットが得られることが明らかになっている。自然は人間の幸せのためにあるわけではない。しかし、幸せに深く関わる自然に歩み出し、囲まれることを想像してみてほしい。

アウトドアで過ごす効力を潜在的にわかってはいたものの、自然が癒しにつながる可能性に関する実証的研究は比較的新しい。分析のひとつは、森林浴が健康全体に与える影響である。研究によると、街を脱出して森林浴をすることは、血圧とストレスレベルを下げ、代謝を促し、血糖値を下げ、痛みへの反応を改善するという。また、樹木がフィトンチッドと呼ばれる天然オイルを生成し、影響し合うことも発見した。フィトンチッドは酸素が豊富な森林の空気を満たし、私たちはそれを吸い込むことで免疫システムの能力を

私の場合、胸が高まり最も記憶に残っているアウトドアでの時間は、ただまわりの美しさを観察し、唯一無二だけれど小さな自分の存在を認識し、そして存在すること自体を楽しんだときだ。

高め、さらには抗がん物質の生成を促進することがわかっている。心理的には、フィトンチッドは鬱や不安の症状を軽減して気分を改善、集中力と記憶力を高め、活力レベルを高めてくれる。

樹木から放出される物質を吸い込み、土壌の微生物に触れ、日光からビタミンDを吸収することはすべて、脳に対する抗鬱効果となる。マイコバクテリウム・バッカエという細菌が不安を軽減する可能性もある。一般的に、アウトドアでは私たち自身の微生物叢（そう）（生態系における微生物の集合）は、より多様な細菌の生態系に晒されることでメリットを受ける。それればかりか、自然に身を置くことで気分がよくなり、体内のドーパミン、痛みを和らげるエンドルフィン、セロトニンやオキシトシンなどの神経伝達ホルモンの生成が活性化される。一方、ストレスホルモンのコルチゾール（忙しい現代の生活ストレスから身を守ろうと分泌過多となる）の生成は抑えられる。このように、外で過ごすことは私たちの全体的ストレスレベルを減らし、自律神経系に落ち着きと秩序を回復させることができるのだ。

こうしたメリットは森からだけではない。水の近辺で過ごす健康上のメリットを明らかにしたデータもある。海岸沿いの小道を散歩する、海で泳ぐ、川の流れを眺める、静かな湖畔に座るなど「青の空間」で過ごす時間は、「緑の空間」と同じ結果が得られている。さらに注目すべき事項もある。新鮮な（できれば塩辛い）空気の摂取量の増加など、それ自体が肺機能を改善することがわかっている。しかも青や緑の空間で過ごすメリットを感じるのに、特別な努力はいらない。週に2〜3時間で長期的な改善が見込めるし、15分でも十分である。

繰り返しアウトドアに出ていくのは、風景や動植物と感傷的につながるためだけではない。生理学的な「一体感」で、再び自然に戻っていく。私たちの体は基本的にはオーガニックで健康なので、そうした機会さえあればうまく自然の恵みにアジャストできる。だから、今まで述べたメリットが受けられるのだ。

自然界の一部に触れると、人間の視覚、触覚、嗅覚、味覚、聴覚を通し、楽しいもの、リラックスさせるもの、元気づけるもの、刺激するものなどというメッセージとなって脳に送られる。このとき、見ていて美しいと思うだけでなく、美しいものが気分を改善し畏怖の念を刺激することで、体内の炎症を抑え、慢性炎症性疾患の症状や鬱の症状を減少させる可能性がある。

実際、それは自然界が私たちの神経系を調節するのに長けていて、アウトドアで過ごすのは回復と活性の時間であることがわかる。平和と静けさを求めてアウトドアに出かける場合も、アクティビティや刺激を必要とする場合も、アウトドアには何かがある。静かに座って鳥のさえずりを聞いたり、火を起こして仲間といっしょに炎を見つめたりというリラックスは、体の副交感神経系を活性化する優れた方法だ。自分の脳に、ストレスを解消して安らぐときが来たというメッセージを送ることになる。あるいは、刺激的で探索的な活動や健康的な運動をすることは、心臓血管系にいいだけでなく、交感神経系を無気力から準備状態に活性化するメッセージを送る。「さあ、行こう！」それ自体が気分、モチベーション、そして幸福感を高めるのだ。

飽和状態で騒々しい労働生活にストレスを感じて精神的に疲れたとき、アウトドアのやわらかな光と音に身を置くことで、注意力と集中力が回復できることは知られている。今では、自然界で繰り返される形やパターンが、脳を落ち着かせる視覚的効果があることもわかってきた。「緑の空間を見る」ことに痛みを和らげる特性があり、ウォーキングやランニングなどの規則的な動きが感情を処理し、問題を解決し、自分の悪い癖を破るのに役立つことも確かだ。自然が人間の健康に与えるメリットを実証する科学的証拠は多様で、しかもそのデータベースはつねに更新されている。自然界と私たちの関係は具体的に証明されていて、その驚くべき深さと複雑さが解き明かされつつある。

外でセラピーをしている人といっしょにいて、森の中をいっしょに歩き始めるとすぐに起こる体のリラクゼーションを観察し、どのように楽しんでいるかを見ると、自然環境にいることに無限の可能性があり、互いに影響し合えることがわかる。刻々と変化する視界や音を意識し、まわりの世界と有意義につながることを学ぶにつれて、長期的にも心理的メリットがあることに気づく。外に出て、自分に合う方法で自然に向き合うことをお勧めする。なぜなら、自然と密接につながることの論理的メリットは明らかだから。自然なしに暮らすことは、命を与え、命を肯定する機会を奪われることなのだ。

結局のところ、とてもシンプルなことなのかもしれない。日常生活から離れて、新しい場所で新しいことをするだけなのだ。リラックスしたり、遊んだり、新鮮な空気を吸う。ほんの少しだけ日々の忙しさから離れるには、自分のスイッチを切り、キャンドルを灯し、料理し、落ち着けばいい。科学

青や緑の空間で過ごすメリットを感じるのに、特別な努力はいらない。週に2〜3時間で長期的な改善が見込めるし、15分でも十分である。

的研究は、健康と幸福に対する自然の力について、100の異なる事実を教えてくれる。しかし、どこからか漂うウッドスモークの香りに眠りを誘われるように、ときには日常のとてもシンプルな出来事にも事実がひそんでいる。

外に出て、自分に合う方法で自然に向き合うことをお勧めする。なぜなら、自然と密接につながることの論理的メリットは明らかだから。自然なしに暮らすことは、命を与え、命を肯定する機会を奪われることなのだ。

気楽で心地いい、楽しげなオーラ

サセックスの森で、伝統と自然の工芸品のオープンエア・レッスンを

KUSHTI
(クシュティ)
イングランド
イースト・サセックス州

ここフォレスト・ガーデンを訪れたら、もう帰れないかもしれない。いろいろなことができるからだ。オーナーのチャールズとリサは、家庭的なもてなしで楽しませるだけでなく、美しい森のリトリートを最大限に利用し、さまざまな伝統工芸のレッスンやアクティビティに参加してもらいたいと願っている。「クシュティ」はサイト内に点在するユルトやキャビンに囲まれていて、美しくペイントしたポール、カラフルなテキスタイル、ソーラー発電の豆電球などの小道具で滞在を楽しく彩ってくれる。夜になると天窓から星を眺めることができ、朝になれば野生ニンニク、ブルーベル、ランなど四季折々の植物が一面に広がる庭に出られる。ウサギやシカに出会うこともあるし、棲みついたサギを見つけられるかもしれない。昼間のアクティビティには、キノコ狩りや木のスプーンを彫るレッスンもいいだろう。

タイヤ付きのテラス席

幌を巻き上げ、サイドパネルを下ろして、すばらしい高地の眺めを満喫する

THE BEERMOTH
（ザ・ビアモス）
スコットランド
ケアンゴームス国立公園

スコットランド高地を訪れて1950年代製の消防車で寝泊まりして帰ってくる人など、そう多くいないだろう。ましてや馬車に取り付けたサウナで汗を流す人など、なおさらである。しかし、ミクルスウェイト氏が営むインシュリアック・エステートではそこが魅力なのだ。奇抜なアイデアで修復されたこのトラックの床は、チューダー朝の屋敷から回収されたオークの寄せ木張り。端には薪ストーブ、反対側にはヴィクトリア朝の優美なベッドが備わっている。野生動物の宝庫である敷地を散策して楽しむための、絶好の基地になっている。少し足を延ばせば、ラフティングやポニー・トレッキングなど、さまざまな楽しみも待っている。

ハチミツの風味

南西部の森に建つ人間サイズのハチの巣箱。甘く心地よいひとときを

HUMBLE BEE
(ハンブル・ビー)
イングランド
デヴォン州

ダートムーア国立公園にほど近い場所。広い荒れ地を越え、渓谷、森林、湿地を渡ったところに「ハンブル・ビー」がある。ハチの巣箱の形をした3階建てのキャビンで、一番上の階はキングサイズのベッドスペース、階下はキッチンと暖炉があるラウンジだ。外壁は濃い色の木材パネル、内壁はハニカム状で、分厚い毛皮がハチの巣の雰囲気を心地よく演出している。

大きなドアを開け放てば、すばらしい森の景色と一体化する。特筆すべきは、外の岩をくり抜いて造った石風呂である。

コーンウォールの大自然で新しい生き方を

フロンティア・スタイルの丸太小屋と、オープンエアで沐浴できる「天然」ジャグジー

LOG JAM CABİN
(ログ・ジャム・キャビン)
イングランド
コーンウォール州

「ログ・ジャム・キャビン」は、コーンウォール荒野の小さな一角に、高床式に建てられている。秘密のドアから通じる部屋には、革製ソファ、薪ストーブ、キングサイズのベッドなどがあり、衣食住には困らないし、フロンティア・スピリットにあふれている。持続可能なエネルギーでまかなうキャビンに流れる時間は、自然に囲まれてゆったりとしたペース。広いデッキでくつろぐもよし、ダッチオーブンで調理しながらキャンプファイアーを囲むのもいいだろう。冒険したいなら、近くを流れる川の一部を利用した「天然」ジャグジーもある。

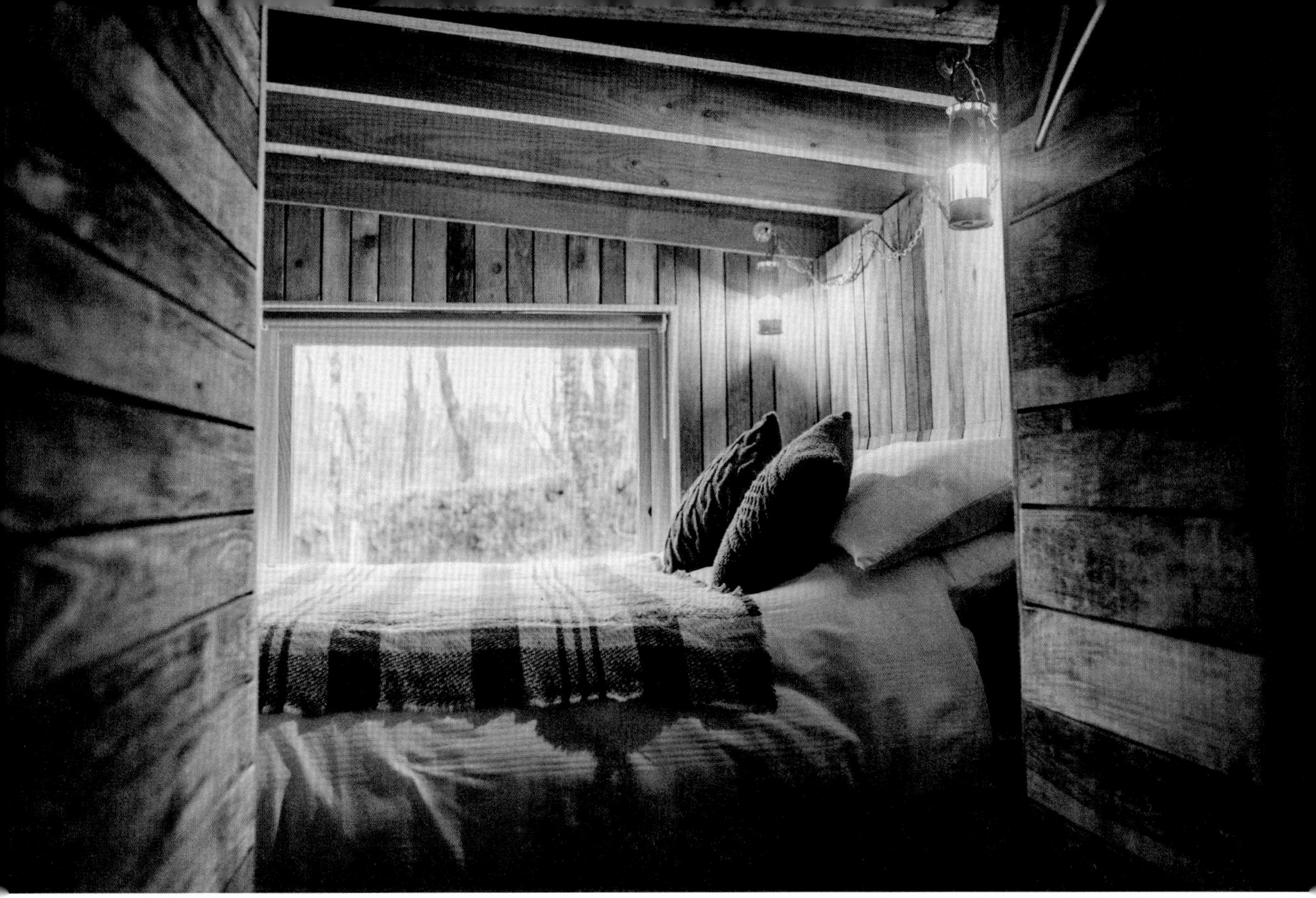

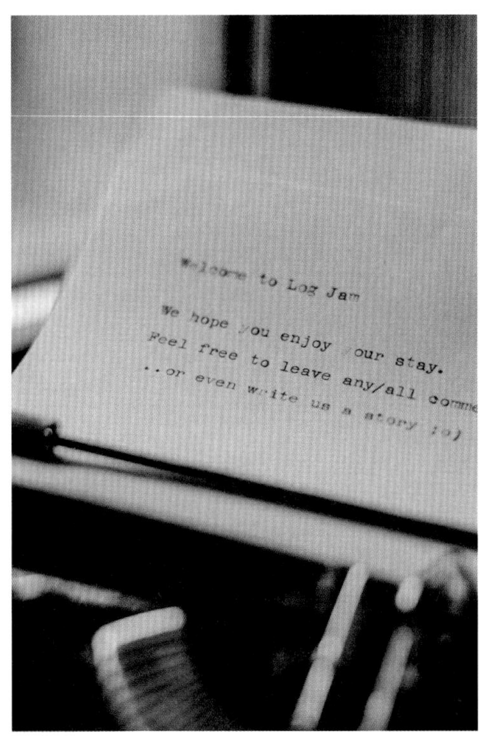

Welcome to Log Jam
We hope you enjoy your stay.
Feel free to leave any/all comme
..or even write us a story :o)

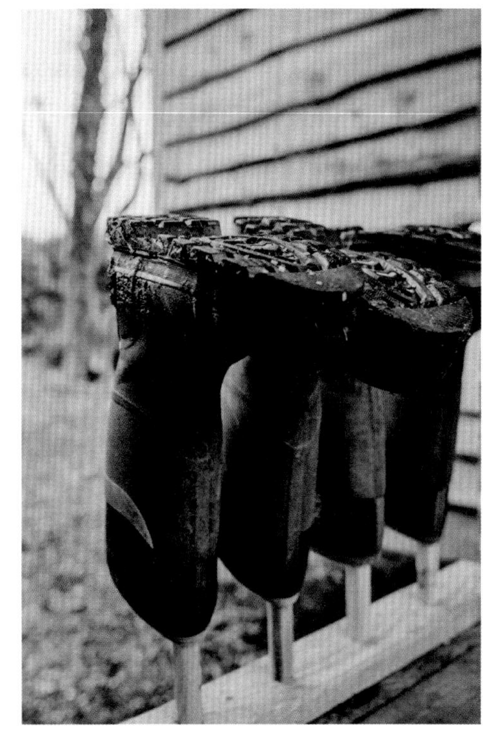

森の深奥の隠れ家

壮観な北ヨークシャーの田舎で気軽に行けるおとぎのお城

RUFUS'S ROOST
(ルーファスズ・ルースト)
イングランド
ヨークシャー

窓の外を行き交う野生動物、おとぎ話のように楽しい室内……。このツリーハウスは誰をも喜ばせてくれるだろう。「ルーファスズ・ルースト(「ルースト」は寝ぐらの意味)」はバーニー・スミスの作品で、スミス家は4世代にわたってヨークシャーでバクスビー・マナーを経営し、宿泊に伴う事業を行っている。

スミスは環境への影響を最大限に考慮している。例えば、バイオマスを利用した湯沸し器や熱回収型換気システムを導入し、LEDライトを使って必要以上の光を発生させないなど、持続可能性を原則にこのツリーハウスを建てた。周辺環境も広い範囲で保護し、多くの野鳥や野生植物が戻ってきている。シカやアナグマが灯のまばらな森をさまよい、夜の訪れとともにコウモリが飛び回る。

「寝ぐら」は美しいこけらぶきの2階建。屋根裏にはベッドルーム、そこから滑り台でアクセスする読書用のコーナーがあり、ベランダにはバスタブとピザオーブンが備わっている。

WHEN IT RAINS LOOK FOR RAINBOWS
WHEN IT'S DARK LOOK FOR STARS

HOUSEHOLD

自然界の未来

Our Wild Future

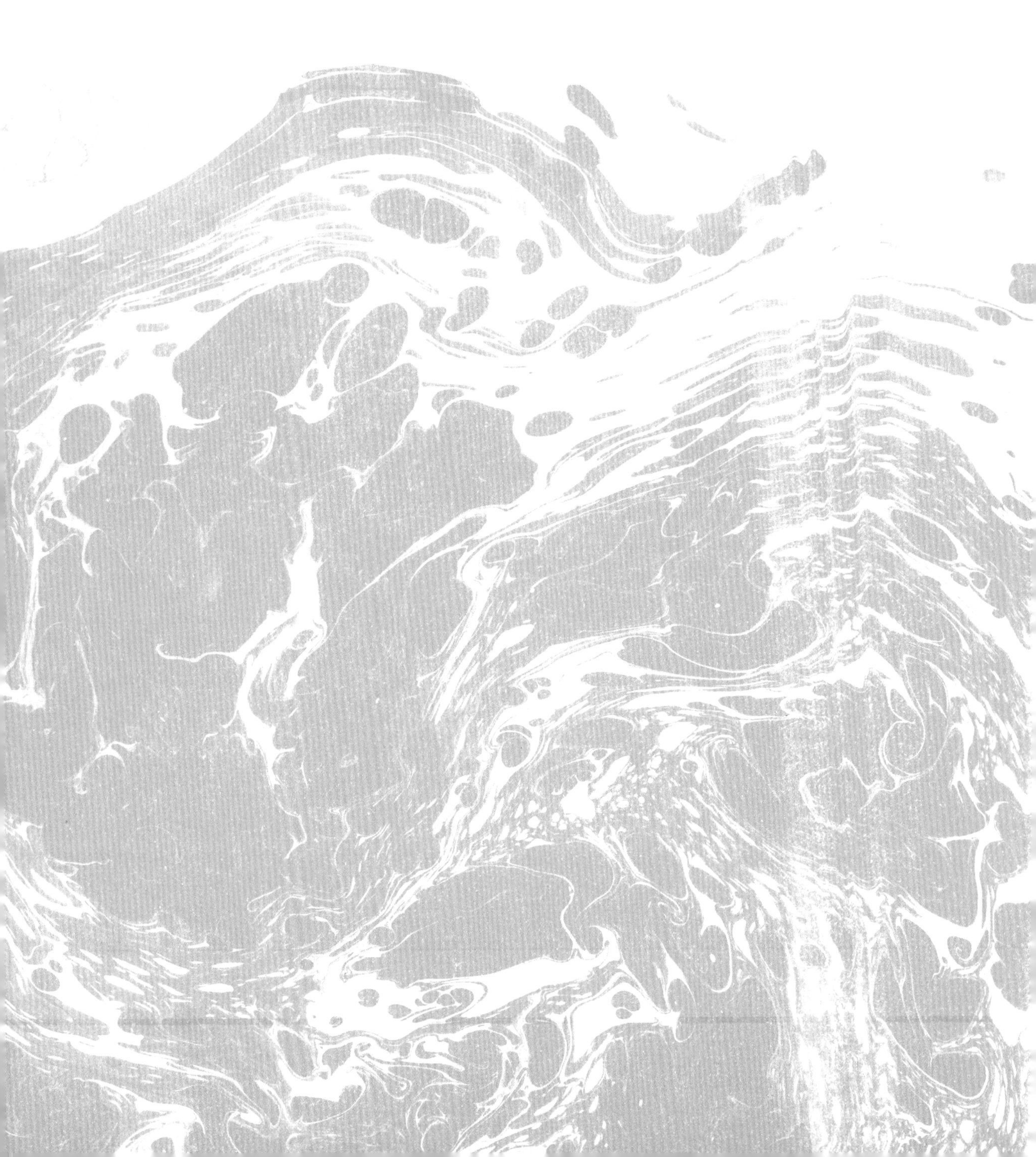

自然の発見、評価、保護。そのために、自身と次世代をどう喚起する?

活動家、環境保護論者
マヤ-ローズ・クレイグ

自然と荒野の中で子ども時代を過ごした人間にとって、自然とのつながりが徐々に失われていくのを見るのは辛い。自然から切り離し、自分たちのために作った都市で動物を飼うことは残酷なように思われる。人々をモニターや快適さから離して自然の世界に連れていくのは不可能に思えるかもしれないが、過去にあったはずの大自然を元に戻す方法は見つかるし、そうすべきだと思う。自然に関連するコミュニティを広げ、責任と配慮を大きく育てなければ。私はそのことに人生を捧げているが、誰もが毎日、何かできるはずなのだ。

過去にあったはずの大自然を元に戻す方法は見つかるし、そうすべきだと思う。自然に関連するコミュニティを広げ、責任と配慮を大きく育てなければ。

この30年間、ヨーロッパで4億羽の鳥が死に、今なおこの数字は増える一方だ。私はとくにバードウォッチングに情熱を注いでいるので、世界各地でこうした損失が続いているのは、悲劇と言うほかない。人間は田舎の隅々まで支配することに必死で、暮らしに欠かせない農地のような場所でも野生の動植物を虐待している。そして、損失は増えるばかりなのだ。

一方、動植物の生息地や多様性の損失と闘っている環境運動は、時代に追いつくのに苦労していて、その構成員の中心をなすのは半世紀近く前と同じく白人中産階級だ。この運動はもっと多種にわたる人の助けが何としても必要とされる。環境問題は、今世紀の最も重要な課題のひとつなのに、その声を広げなければ、運動自体が批判され傷つくばかりだ。野生の動植物と地球を救うためには、従来の少数の人々だけでなく、全員が協力しなければならない。週末に友人や子どもを外に連れ出すだけでも、この問題に貢献することになる。

克服すべき最大のハードルは、環境について無知であることを何とも思っていない、という事実だ。自然についても同じ。野生の動植物と自然が消えていくにつれ、私たちがそれらとつながる機会も失われていく。そうなると、アウトドアや田舎で過ごす時間は、特別な人の過去の行動になってしまう。自然へのアクセスは難しく、そのための時間やお金、体力を持っていない人が多いからだ。とくに英国のマイノリティー・コミュニティで問題になっている。

打開するには、この状況を変えなければ。自然に興味がなく、関わりが持てない人もいるとよく耳にするだろうが、私はそうではないと確信している。私の団体「ブラック・ツー・ネイチャー(Black2Nature)」は、マイノリティー・グループの子どもたちのためにキャンプを運営していて、これまでにない方法で自然の中で過ごす機会を提供している。このキャンプで自然を楽しんだり、自然と触れ合ったりできない子どもはひとりとしていない。これからもいないだろう。大切なことは、知識を与えることなのだ。

最初のキャンプで、10代の少年5人にバードウォッチングに参加させた。美しい場所に到着したとき、彼らはしばらくまわりを見回してから座り、何をしたらいいのかと聞いてきた。「この場所でどう楽しむのか」という意味だ。すぐに若いボランティアが気を利かして、ハヤブサが空中を降下して獲物を捕えるまでの速度について話し始めた。しかし、これでは不十分だと察し、鳥の速度をＦ１レーシングカーの速度と比較した。すると、すぐに5人の全員が興味を示し、立ち上がって質問をした。まるで別世界を見るようだった。自分の目だけれど、普通の10代の少年の目を通して見る世界だったからだ。

誰かを自然と関わらせるには、興味を引く何かを見つけることだと、その最初のキャンプから学んだ。ある少年は鳥の鳴き声と罠を試すのが大好きだったが、罠にはネズミの糞しか入っておらず、ひどくがっかりしていた。もうひとりは芸術に興味があり、芸術家のボランティアが持ってきた本物の白鳥の羽を絵に描いた。3人目は池に入ってイモリを見つけ、4人目は蛾の収集に熱中し、暗闇の中、携帯の光だけで大きなスズメガをいつまでも見つめていた。彼らの顔はキラキラと明るく、まるで自然界の輝きが反映されているよう

野生の動植物と自然が消えていくにつれ、私たちがそれらとつながる機会も失われていく。そうなると、アウトドアや田舎で過ごす時間は、特別な人の過去の行動になってしまう。

だった。

この少年たちは誰も真の自然主義者にはならなかったが、それは週末キャンプの目的ではない。子どもや友人を外に連れ出す場合も、それを目的にすべきではない。少年たちはのちに、登校時にスズメを見つけ、公園でサッカーをしたときに鳥のさえずりに気づいたと言った。自然を無視せず、向き合うようになったのだ。そして、なぜ多くの人々が未来のために自然を守ろうとしているのかを突然理解したと私に言った。これはたった1日で起きた変化だ。

地球と自然は、人類の破滅的な行動のせいで、ここ何十年もの間ゆっくりと死に向かっている。破滅は完全に防げると考える人も多く、そうした人々は現状に失望している。これは、今日の青年運動家が未来に向けて街頭をデモ行進する際の感覚だが、そもそも自然との密接な関わりがなければ存在し得ない感覚でもある。

若年層の運動は緊急性と失望から生まれたのだが、それはこの緑の惑星を救う鍵でもある。私たちの前の世代とは異なり、不屈の精神で戦うこと以外に選択肢はほとんどないように思える。世界中の若い環境保護論者には勇気と情熱があり、あやふやな未来についての議論も運動も大胆で希望がある。だが、私たちが今必要としているのは、若年層や中産階級だけでなく、すべての人が自然を探し、楽しむこと。例えば、次にアウトドアに行くとき、誰をいっしょに連れて行けるか考えてみてほしい。そこに何があるかを示し、興味を引くものを見つけ、貴重で壊れやすい野生の動植物の保護のための新しい声になってもらおう。

ある島の木の上で

ノルウェーの森の奥深くのツリーハウスで
シンプルな生き方を慈しむ

THE ISLAND CABIN
（ザ・アイランド・キャビン）
ノルウェー
アグデル県

ノルウェー南部の自然に囲まれた島、3本の古いマツの木の間に丸太小屋が建っている。子どもたちの冒険物語に出てきそうなたたずまいだ。近くの森林地帯を歩いて抜けたら、あとは浮き橋を渡るか、手漕ぎボートで島まで行かなければならない。冬の間なら湖が凍結するので、歩いて渡ることもできる。

ここにたどり着いて落ち着くのは、心を解き放つことに似ている。まずは、どこまでも続く空と木の海をデッキから眺めよう。そして200ヘクタール（500エーカー）もの広さの「庭」でのシンプルな日々。湖での水遊び、ワイルドベリーやキノコ狩り、マス釣り。釣ったマスは炭火で焼こう。

クヌート・エルヴィンド・バークランドとクヌート・アンドレ・フィダンは近所同士で、2人の手によるこのキャビンはプライベートな農地にある。完全にオフグリッドで、大自然での狩猟生活を基礎とする、何百年も変わらないシンプルな生き方が体験できる究極の場所といえるだろう。

スカンジナビア
7つ目の天国

スウェーデン最北端の森深く、
景色をぐるりと見わたせる焼板造りのツリーハウス

7TH ROOM
（セブンス・ルーム）
スウェーデン
ノールボッテン県

北極圏にほど近いスウェーデンの森。ツリーホテルが点在し、その中のひとつが「セブンス・ルーム」だ。地上10メートル（33フィート）の高さにあり、真ん中を貫く木は生きている。ほかのキャビンも、この地に生息するマツの木の間に高く建てられている。

「セブンス・ルーム」へと階段を登りながら見上げると、建物の底部にツリーハウスが立つ前の木々の実物大の写真があるのに気づくだろう。階段を登りきると広々としたリビングで、まず目に入るのは、夜空の星を眺めるのに完璧なハンモック。昼間はうつ伏せになって階下の森を眺めるのもまた一興だ。6人が滞在でき、それは通常のツリーハウスと呼ばれるものの中では大きいほうだ。室内はナチュラルな色調で、薪ストーブとふわふわの毛布がたくさんあるおかげで、快適で暖かい。また、北向きの大きな窓とベッドルームの天窓は、ゆらゆら動くオーロラ観測に最適である。

イグルー型のドームで知る ぜいたく感

ラップランドの湖畔に建つジオドーム。ガラス張りの壁を通して快適な北極夜空観測を

Aurora Dome
(オーロラ・ドーム)
フィンランド
ラップランド

トラッシエッピ湖のほとり、ラップランドの針葉樹の森に建つ「オーロラ・ドーム」は、1年中いつでもロマンティックにステイできる場所だろう。薪ストーブで暖まり、くつろぎながらガラス張りの壁から北の国の夜空を堪能できるのだ。さらに9月の初旬に訪れれば、幻想的なオーロラを見に出かける前にパンケーキを作ってもらえるし、6月から8月は真夜中でも沈まない太陽の元、川に出かけてラフティングを楽しめる。

このドームを営むのは、昔ながらのワイルドなこの地に半世紀ほど暮らす家族だ。西ラップランドのパッラス・ユッラストゥントゥリ国立公園も近く、トナカイやハスキー犬を飼育する農場の端に建っている。近くのカフェで伝統的な食事を味わうのもいいし、フィンランドで最も愛されているレジャーの前に、トナカイやハスキー犬のエサやりをするととても喜ばれる。愛されているレジャーとは？　サウナである。

世界でいちばん大きな鳥の巣

巨大なウミワシが小枝で作る巣にインスパイアされた木の上の隠れ部屋

THE BIRD'S NEST
(ザ・バーズ・ネスト)
スウェーデン
ノールボッテン県

スウェーデン北部の森林にあるグランピング・キャビンの中で、「ザ・バーズ・ネスト」は周囲の風景に最もよく溶け込んでいる。電動式のはしごを格納すれば、ここにキャビンがあるとはわからなくなり、むしろ巨大な鳥の巣が木々の間に造られているように見える。

これは、釣り旅行の際に見た鳥の巣に感銘を受けたオーナーによる作品で、自然との一体感を味わえる究極の空間だ。室内は小さいながら、曲線を中心にしたインテリア。考え抜かれて配置された窓からは、外に広がる森の世界を鳥の目線でのぞくことができる。

北スウェーデンの森を映し出すとき

見える？ 見えない？ 風景に溶け込むミラーガラスのツリーハウス

MIRRORCUBE
（ミラーキューブ）
スウェーデン
ノールボッテン県

スウェーデンのツリーホテルに泊まろう。そんな思いでつづら折りのゆるやかな遊歩道を登っていくと、ミラーガラス張りのツリーハウスにたどり着く。それは完璧な森の隠れ家だ。

中に入れば6つの窓から北スウェーデンの絶景を眺めることができるが、外からは中が見えない。64立方メートル（2,260立方フィート）の「ミラーキューブ」は2人用。カバ材の合板内装と床暖房、スタイリッシュなウールラグで、心地よく包み込んでくれる。夜にははしごを登り、屋根にあるテラスから満点の星空を眺めることができる。

このキャビンは、ケント・リンドバルとブリッタ・ヨンソン=リンドバルがマツの森の中に所有するツリーハウスのひとつで、ここから徒歩で10分ほどの場所で1950年代の家庭的なスタイルのホステルも経営している。ツリーハウスに滞在中は、このホステルで食事ができる。森でソロ・トレッキングをするのもいいし、犬ぞりで雪の中を駆け抜けるのも爽快だ。もの思いにふけりたい気分なら、北極圏の静寂の景色を窓から眺めるのもいいだろう。

北極圏のまばゆい夜へ

スノーモービルで運ばれるキャビン。広大な星空をゆったり眺める

ESKO'S CABIN
（エスコーズ・キャビン）
フィンランド
ラップランド

「エスコーズ・キャビン」に泊まると、スノーモービルでキャビンごと凍った湖に引かれていく。そこは真っ暗な空に包まれて、居心地よく夜を過ごせる場所だ。ここでの体験は特別で、島々を囲む水が冬季を通して凍りつくイナリ地域では、ダンスするようにオーロラが上空を覆う様子を見るチャンスもある。そのためだけに泊まることを決めても損はない。

もちろん薪で炊いた風呂に身を委ねたり、犬ぞりで凍った大地を渡ったり、湖の氷に穴をあけて釣りをするのもいいだろう。キャンプファイアーを囲んで食べる魚やトナカイの肉も、この上なくおいしい。

これからも、本ならではを
60周年
グラフィック社
ひとクセもふたクセもある……
けれども素敵な本が揃っています。
株式会社グラフィック社
〒102-0073 東京都千代田区九段北1-14-17 TEL 03-3263-4318 FAX 03-3263-5297
60周年記念 特設WEBサイト 2022春OPEN！
ひみつの花園
ジョハンナ・バスフォード 著
B4変形判／96頁
定価1,430円(10%税込)
『ひみつの花園』の物語になぞらえて、色のない花園に色を塗っていき、花園が美しくよみがえるというコンセプトの塗り絵ブック。テキスタイルのような美しい細密画が、色を塗ることで見違えるように美しくなります。花園が完成していく喜び、楽しさをぜひ。
百景
日本もじデザイン
グラフィック社編集部 編
B5変形判／274頁
定価3,080円(10%税込)
インディペンデントシーンやSNS上で注目される「文字を書く」「文字をつくる」ことからはじまる新世代のデザインの潮流を、気鋭のデザイナー40組、掲載点数約800点の作例で紹介。アナログとデジタルの枠組を越えて生み出される、文字の世界を初集成。
ちいさな手のひら事典
ねこ
ブリジット・ビュラール＝コルドー 著
A6変形判／176頁
定価1,650円(10%税込)
品種や行動、グルーミング、カルチャーなど、ねこに関するさまざまな疑問に答える、ねこの事典。
ヒグチユウコ 著
B5変形判／160頁
定価2,530円(10%税込)
画家・ヒグチユウコのファースト作品集。作品のほか、ホルベイン、EmilyTemple cute、ユニクロ、資生堂、メラントリックへムライトなどとのコラボレーション作品の原画多数。ペン画のハウツー、アトリエ紹介、本人による作品解説も収録。
Cabin Porn
ザック・クライン 編
A4変形判／336頁
定価3,190円(10%税込)
人里離れた山中の小屋や、仲間と楽しむツリーハウス、小説から飛び出てきた「ホビットの家」など、小屋を愛する10人の建築秘話と、世界の選りすぐり200軒を写真とエッセイで紹介。本当の「豊かな暮らし」を叶えるきっかけを「小屋」に見出した人たちの実録集です。
WE EARTH
NOMA 企画
グラフィック社編集部 編
A4変形判／216頁
定価2,750円(10%税込)
海、微生物、植物、土、星、大気、人間社会……地球をまるごと1冊に閉じ込めたサイエンス＆カルチャー本。地球の秘密に垣間見られるアッと驚く科学的知識と、自然とともにつくり上げてきた人の文化。そして未来を築く環境問題まで。誰でも読みやすい文章で解説。
"無人地帯"の遊び方
A5判／288頁
定価2,200円
美しい万年筆のインク事典
武田健 著
A6判／256頁
定価1,980円

…1,980円(10%税込)

透明水彩は、水がいのち。その使い方と筆さばきから生まれる新鮮な色の輝きを学び、風景や静物、花などをモチーフに、透明感あふれる絵を描きましょう！ 基本の彩色法からプロのワザまで、水彩ならではの技法のすべてを解説します。

きちんと描ける花スケッチ

中村愛 著
B5変形判／112頁
定価1,980円(10%税込)

だれでもどんな花でも… 5つのステップ。1ステ… つ丁寧に解説してい… 心から描く。手前と奥と… 変える。描き順のセオリ… る。セオリーを生かして… 花を描くコツ。背景を上… うコツ。これで花は描け…

水彩 自然を描く

あべとしゆき 著
B5変形判／112頁
定価2,200円(10%税込)

日本の繊細な自然風景を水彩で描くことで人気の画家の水彩テクニックを解説し紹介します。色の選び方から、作家独自のマスキング技術、自然を描くのに適するグリザイユ画法など、絵を鑑賞する人にも描く人にも知りたかった水彩の技術と魅力をお伝えします。

塗り絵式 写真にしか見えない 色鉛筆画上達ドリル［基本編］

イロドリアル 著
B5判／144頁
定価1,760円(10%税込)

リンゴ、宝石、ネコなど、… 向けの人気のモチーフ… し、SNSで話題のリア… 筆画家ユニット・イロド… が、写真にしか見えな… 筆画16作品の描き方… します。基本技法のほ… ンバーが編み出した応… も織り交ぜて紹介。

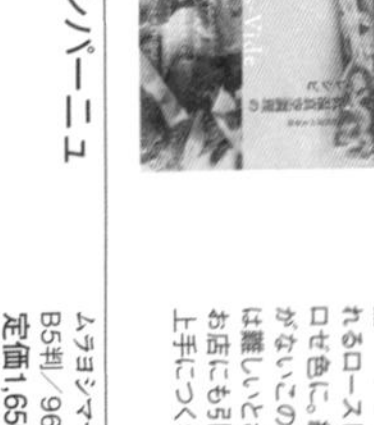

スーパーマンガデッサン

松本剛彦, 森田和明, 林晃 著
B5変形判／184頁
定価2,200円(10%税込)

マンガデッサンの基本と、上達のためのヒントとアイデアがいっぱい詰まった「考えるデッサン」を紹介します。「リアルっぽい」らしさ表現と、省略と強調のデフォルメ表現が濃縮されたアートなデッサン。それがスーパーマンガデッサン！

モルフォ人体デッサン 新装コデックス版

ミシェル・ローリセラ 著
A5変形判／320頁
定価2,420円(10%税込)

プロをはじめとするす… 絵師から大好評！ ア… ティックで総合的な人… サンのアプローチ、モル… ジー（形態学）の視… 体の描き…

コピックで出来る！ 魅力的な質感の描きかた

緑華野菜子 著
B5判／…

料理

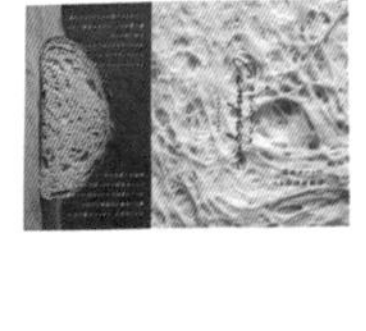
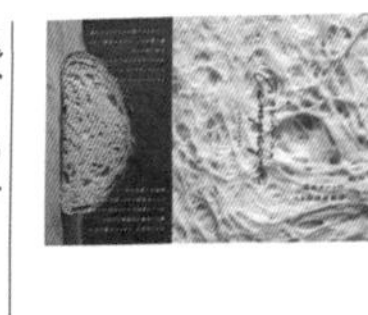

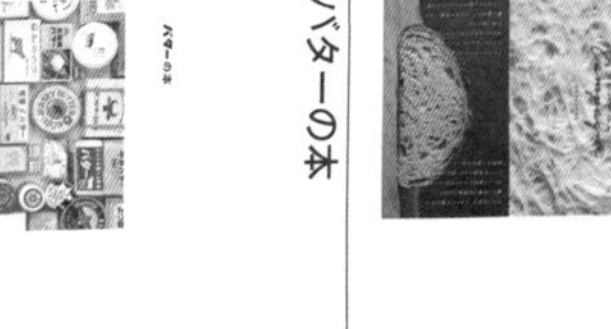

一汁一菜でよいという提案

土井善晴 著
A5判／192頁
定価1,650円(10%税込)

長年にわたって家庭料理とその在り方を研究してきた、料理研究家・土井善晴が、現代にも応用できる日本古来の食のスタイル「一汁一菜」を通して、料理という経験の大切さや和食文化の継承、日本人の心に生きる美しい精神について考察します。

低温真空調理のレシピ

川上文代 著
B5判／112頁
定価1,980円(10%税込)

ここ数年、急速に普及がはじまり、注目を集めている低温調理器のレシピを掲載。難しいとされるローストビーフも、完璧なロゼ色に。絶対失敗することがないこの調理法は、家庭では難しいとされていた料理が、お店にも引けを取らないほど上手につくれます。

カンパーニュ

ムラヨシマサユキ 著
B5判／96頁
定価1,650円(10%税込)

カンパーニュは、パン・ド・カンパーニュのことで、通称、田舎パンと言われる、丸くて大型の素朴な食事パンです。人気料理家の著者が、冷蔵庫任せで発酵できる手法で、美味しく、失敗しにくいつくり方を、カンパーニュと楽しむ料理とともに紹介します。

バターの本

グラフィック社編集部 編
A5判／128頁
定価1,650円(10%税込)

日本全国でつくられている100種類超のバターを、北海道から九州まで網羅して紹介。それぞれのバターの特徴や栄養成分、オススメの食べ方、味の感想を、パッケージがわかるような美しい写真とともに掲載。バター好きなら興奮する一冊で…

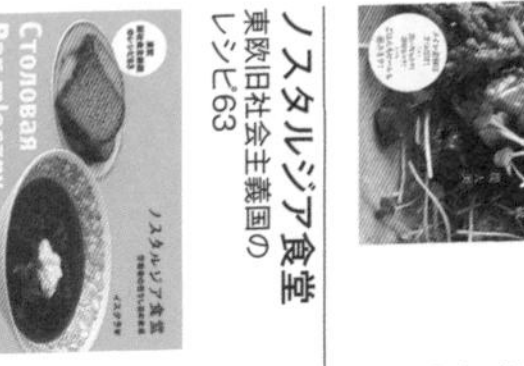

肉サラダ

堤人美 著
B5変形判／112頁
定価1,650円(10%税込)

シンプルでも、家族で楽… ヘルシーな料理って… な思いから生まれたの… ラダ」。メインの材料は… 肉と野菜。1種類だから… も面倒ではありません。… おつまみにも、ごはんの… にもぴったりなレシピ… 料理家・堤人美が提案…

ノスタルジア食堂 東欧旧社会主義国のレシピ63

イスクラ 著
A5変形判／160頁
定価1,760円(10%税込)

東欧から中央アジアま… 社会主義国で食されたも… 再現したレシピ本。当時… やカトラリーなどで彩ら… 理写真はさながら現地… を彷彿させます。陶器… やかつての雰囲気を色… す食堂の数々を紹介す… コラムも満載。

ジビエ 解体・調理の教科書

一般社団法人 日本ジビ… 興協会 監修
B5変形判／176頁
定価2,750円(10%税込)

「捕獲」と「調理」に偏… 従来の本とは違い、解… の正しい知識普及のた… 体ハウツー本。害獣問… まされる主に各自治体… 加工従事者のための… 象上位の鳥獣解体、お… 肉への加工のための…

カフェ・グラフィックス＆インテリア

ヴィク…
BE…

PELTONEN
PELTONEN
METSO
METSO

SAUNA

LAKEINARI.COM
1
NARI.COM
2
3

アウトドアの食糧庫

Our Outdoor Pantry

自分で「食材探し」をすること。それが食材の滋養をはるかに超えた恩恵となる

シェフ、作家、採食者
ギル・メラー

食材探しと聞いて何を思うだろうか。森を歩き回る私たちの祖先のことではないだろうか。農業が始まるずっと前の、今日の私たちの生活から遠く離れた荒野の世界に思いをはせる。

じつは、野生の食べ物を探すことは、それほど突飛なことではない。それは生活の楽しみの一部にもなるし、今いる場所からそう遠くないところで、野生の食べ物が見つかるはずだ。

食材探しとは、ほしい食べ物を手に入れる以上の行為なのだ。私にとっては、最初から最後まですべての道のりを意味している。どこに行くのか、どうやってたどり着いたか、そして途中であてもなくさまようことも。手についた黒い泥、イバラの樹液、雨に濡れた長靴、マツの木陰で集めたフクロウの羽も含まれる。食材探しとは、実際に見ること。耳を澄まし、実際に聞くこと。強風にもかき消されることのない静寂でもある。これらすべてを経験し、食材探しは価値あるものとなる。いつもではないが、最後にはごほうびがある。家に持ち帰って家族とシェアしたり、ひとりで食べたりする時間だ。それは母なる自然からの贈り物、野生の断片、過去からの心地よいメッセージでもある。

ブラックベリーを例にとってみよう。このありふれた小さな秋のフルーツは、私にとっては特別なのだ。甘いクランブルやコブラーに焼くのが好きなだけではない。娘が小さいとき、線路沿いや草原、海に向かって曲がりくねった雑木林のイバラの茂みに、ブラックベリーを摘みにいっしょに出かけた思い出がある。無垢で清らかな思い出だ。クロウタドリの鳴き声に、やわらかな雨の中で、遠くの轍（わだち）に幸せを見つけた。それは、本やテレビ番組など、屋内にいては見つけることができない幸せだ。私は、そのときどきの思い出を自分の中にしまっておく。家族も思い出を大事にしていて、私はひとりで出かけるとき、そんな記憶がよみがえる。

食材探しには2つのアプローチがある。ひとつは、調査、詳細なガイドブック、ラテン語、虫メガネ、そして丸1日の野外活動。もうひとつは、バスケットを持って散歩に出かけ、途中で何かおいしいものを見つけることだ。私は後者のアプローチのほうがいい。私は菌類学者でも植物学者でも、あらゆる種類の「何々者」でもないが、何年もの経験から、食べられる野生の食べ物を選んで持ち帰り、おいしく食べる方法を学んだ。食べられる植物や野生の食材のほとんどすべては季節ものなので、いつもそこにあるわけではない。しかし、だからこそ特別なのだ。同じところにないからと言って一度背を向けると、食材は風と共に消えていく。

私は、自分が好きでおいしいと知っているものを選ぶ。目立たない草や虹色のキノコを探すわけではなく、ほしいもののほとんどは、誰にでもなじみがあるものばかりだ。イラクサ、ニンニク、海藻、ブラックベリー、リンゴ、そしてスロー（サクラ属の低木）の実。これらは野生で豊富に採れるだけでなく、簡単に識別でき、安全に食べることができる。

例えばイラクサ。人によっては、単にやっかいで苦痛をもたらす雑草だが、ある人にとってはスーパーフードなのだ。過小評価されてはいるものの、薬用植物のひとつでもある。嫌われると同時にありがたがられているイラクサだが、嫌う人々は、エメラルドグリーンにきらめくイラクサのスープが、体と精神の両方に与えるシンプルな喜びを経験したことがないのだろう。

イラクサを摘むとき、私はガーデニング用手袋をする。調理されるまではトゲが気になるからである。春が収穫するのに適切な時期で、新しくて柔らかく育ったものを摘む。草の先端、または6～8枚の新葉から成る最もおいしい冠部分だけを使う。スープ以外のお気に入りのイラクサ料理は、ほかの身近な野菜と同じように塩水でイラクサを湯がいたもの。水けをきって、たっぷりのバターとエクストラバージン・オリーブオイルを少し入れ、フレーク状の海塩と挽きたての黒コショウで味付けをする。このバター・イラクサなら毎日でも食べられるし、ローストチキン、グリルした魚、ポークソーセージなどによく合う。また、ゆでたてのパッパルデッレ・パスタにたっぷりのペコリーノチーズかパルメザンチーズを加え、バター・イラクサをあえれば、すばらしい一品料理になる。少し目先を変えた調理方法は、クリームほうれん草のレシピで、ほうれん草の代わりに、この鉄分が豊富なイラクサを使うこと。熱く泡立つクリームを、ニンニクとローズマリーでローストしたラム肉のスライス、またはオーク材で燻製したマスに添えるのが好みである。まちがいなく絶品だ。

春の終わりに窓の外を眺めると、満開のエルダーフラワー広がっている。ありふれた植物だが、これもいろいろな方法で利用できる。6月には、花を使って柑橘系のハーブシロップやさわやかなシャーベット、上品なミルク酒を作る。季節が進むと、硬い緑色のベリーで一風変わったケーパー風のピクルスを作り、夏の終わりには、暗赤色に熟した実でジャムやシロップを作り、酢漬けにもする。

私たちが育ち、成熟するプロセスは、基本的に自然界の状態に通じているので、自然に同調する最良の方法は、食べ物を通してであると私は信じている。地元で買い物をする、季節ごとの料理をするという簡単なことで、食べ物に対する考え方や入手方法を変えることができる。それは私たちが地元コミュニティ内に住み、働く人々とのつながりを築くのを助け、四季の周期的リズムを理解し、感謝することにつながる。食材探しが自然の奥深くに及び、環境について知れば知るほど、世界が助けを必要としているとき、何をすればよいかすぐにわかるようになる。

環境に関心をもつ限り、真珠色に輝くムール貝や6月の線路脇で深い香りを放つ象牙色のエルダーフラワーなど、野生の食べ物が見つかるだろう。ただし、無償のものはないことを覚えておく必要がある。私たちは、自分たちが蒔いたものを刈り取る。野生の食物の種を直接蒔くことはないが、それはすべて世界の生態系に絡み合っている。土地の管理者として野生を保存し、支えることは私たちの責任である。近年、私たちはこれを怠っていないだろうか。生活様式を変え、社会が自然界に及ぼす悪影響のうちいくつかをなくす時間はある。野生の食材を探すことで、実際に考えているよりもはるかに自然に近づくことができるし、そうすることで地球が直面している問題をより深く理解できる。どんなものでもバランスをとることは容易ではない。つねに不安定なので、毎日野生の食べ物だけで家族を養うことはできない。野生で育つ食材は十分ではないし、永遠にあるわけでもない。食材探しは節度と敬意の問題であり、採取よりも与えることから生まれるのだ。合言葉はつねに「必要なものだけを取り、それ以上は取らない」。無駄を減らし、採り尽くさずに一部を残す。よく考え、ていねいに収穫すれば、子どもや、その子どもたちの未来に十分な食材を残すことができるだろう。

食材探しとは、ほしい食べ物を手に入れる以上の行為なのだ。私にとっては、最初から最後まですべての道のりを意味している。食材探しとは、実際に見ること。耳を澄まし、実際に聞くこと。強風にもかき消されることのない静寂でもある。

包み込まれるような
ロフト部屋

南西イングランドの木々の間で、
田舎の静けさにひたる

DABINETT TREEHOUSE
（ダビネット・ツリーハウス）
イングランド
サマセット州

この美しい繭状のツリーハウスは、三脚に組み合わせた柱の上に高く建っている。横にはデッキが広がり、魅惑的な木材パネル造りのバスタブが据え付けられている。頭上に低く垂れる木の枝は、プライバシーを守るのにちょうどいい。夜になると木々の間を星の灯りが幻想的に瞬き、朝になれば鳥のさえずりが満ちる。スタイリッシュなキャビンにあるのは、キングサイズのベッド、ぜいたくなバスルーム、ミニキッチン、薪ストーブ、ソファ。石灰岩の丘、メンディップ・ヒルズを歩き尽くす果てしない計画を立てながら、サマセットの風景をのんびりと楽しむのもいい。

屋根を開こう

野生動植物やアクティビティに満ちた風景に建つ風変わりなツリーハウス

SKY DEN
（スカイ・デン）
イングランド
ノーサンバーランド州

デザインと技術の驚くべき成果で、「スカイ・デン」の屋根は天に向かって開く。おかげでマスターベッドルームでは、この星空保護区に輝く星空の下、心地よく安心して眠ることができるのだ。ここは、ウイリアム・ハーディー・デザイン社が英国のテレビ番組「ジョージ・クラークの驚くべき空間（George Clarke's Amazing Spaces）」との協働で建てたもので、しかけは屋根が開くだけではない。空間を最大限に活用するため、クラークは2つのシングルベッドを含む階下の家具を格納できるようにデザインした。

このユニークな別荘は、キールダー森林公園内にある。英国のキタリスの半数が生息する、アウトドア・アクティビティの中心地だ。だから、ここにはウォーター・スポーツ、ロープ遊び、オリエンテーリング、数えきれない森林トレイルなど、選択に困るほどのアクティビティが用意されている。「スカイ・デン」に戻ったら、ガラスのドアをスライドさせてバルコニーに座り、川沿いの景色を眺めるのもいいし、薪ストーブの上で昔ながらの方法でいれる1杯の紅茶を楽しみに、波状のトタンに包まれた円形の展望台に向かうのもいい。

ボドミンムーアでの暮らしは オフグリッドに

野生の動植物しかいない荒涼とした台地。ここでは時間が止まっている

THE LAKE
（ザ・レイク）
イングランド
コーンウォール州

コーンウォール北東部、ボドミンムーアの小さな窪地に、改造された工業用コンテナがある。今は湿地となっているがここはかつての採石場で、その端に位置し、486ヘクタール（1200エーカー）もの広大な荒野やその周辺を探検するのに理想的な拠点となる。また、広大な湿地帯の素朴な色合いと、鏡のように静かな湖面に映る青い空に誘われ、ただ座っているだけでも心が休まる。半マイルほどの荒れた小道を通ってたどり着く、シンプルに装備されたコンテナは完全にオフグリッド。ソーラーパネルで電源や灯りをまかない、薪ストーブで暖をとる。飲み水以外の水は湖から直接汲み上げ、後部のシャワー室では熱いお湯がいつでも使える。これ以上シンプルな生き方はないだろう。

もっと冒険したい人は、近くの岩塔へと何マイルも続くウォーキング・トレイルがあるし、海岸へ日帰り旅行するのもいい。のんびりした村のパブもおすすめだ。夜は湿原の上に繰り広げられる壮大な天体ショーを、リラックスして待とう。

ペースダウンしよう

Slowing the Pace

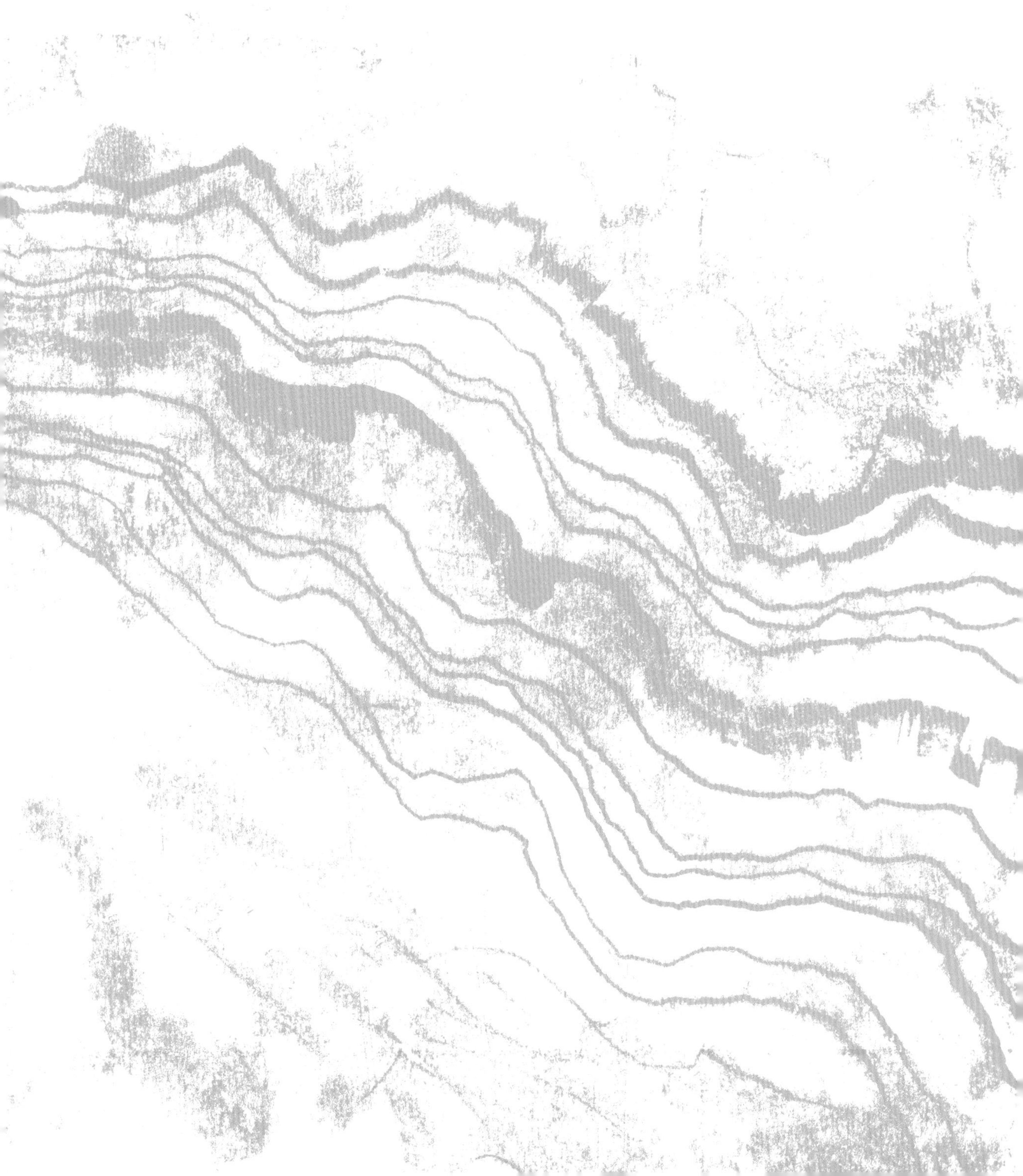

大急ぎで移動する現代の傾向を打開し、旅を楽しみのひとつにする。なぜそうするのか。そしてどうやって？

キャノピー＆スターズ社
クリス・エルムス

ゆっくりとした旅とは、実際には速さのことではない。1週間のリラクゼーションに行く場合でも、週末の冒険にできる限りのことを詰め込む場合でも、ひとつずつ自分で決めたことを実行することだ。他人が用意したものをこなすのとは別ものなのだ。単に次の観光スポットへと写真を撮って急ぐだけではなく、心をまっさらにして計画にこだわらず、その土地と天気を感じたほうがいい。旅はどれだけ見るかではなく、出会うものとどのようにつながるかという哲学なのだ。自然は私たちを急がせるプレッシャーを取り除き、ゆっくりとした旅の手助けをしてくれる。そんな自然はシンプルでアクセスしやすく、多くの場合、思いのほか近くにある。目的地、交通機関、時間についての考え方をほんの少し変えるだけで、皮肉なことにすぐに、穏やかで豊かに、よりゆっくりとことを運べるようになる。

ゆっくりとした旅は、出かける前から始まっている。現状から少し離れることを考えるとしよう。少しでも日常を離れて暮らしをリセットするなら、それほど遠くへ旅する必要はないかもしれない。私たちは皆、世界のエキゾチックな場所を訪れたくなるが、すぐそばの場所でも、旅における解放とつながりの感覚において、同じくらい価値がある。家の近くの森を長く歩くことで、世界一周の冒険と同じくらい元気になり、しかも人にも地球にほとんど負担をかけない。

遠い場所へ旅する誘惑に抗えない場合は、せめて飛行機での旅を避けてみよう。環境問題のことだけでなく、そうすることに伴う考え方のために。飛行機は目的地にできるだけ早く到着する手段だが、ゆっくりとした旅とは、移動を楽しんだり、迂回したり、川をたどったりと、文字通り流れに乗ることなのだ。ゆっくりとした移動手段をとることで旅は体験の一部になり、行ける場所が狭まるからといって不都合はない。ときには早めに出発してみよう。ばかばかしいほど早く出発して時間がたっぷりあるという感覚を楽しんだり、どこかでコーヒーを飲んだり、川で手足をパチャパチャしてみる。それは時間に予定を詰め込むという考え方から、その時間に何をするかという考え方へシフトする最初のステップとなる。

ゆっくりとした旅で、その場所をもっと知ることもできる。空港に着いて、おなじみの看板や世界的なコーヒーチェーンに囲まれると、今自分がどこにいるのか、どこに旅したのかわからなくなる。霧のかかった青い丘が地平線に現れたり、森から突然明るい日光が差し込んだりするような、刻々と変化する景色は見られない。曲がりくねった川や活気ある街を囲む平野がどこにあるか、家の近くに今まで知らなかった美しい森があることなど、今いる場所の姿を知ることには、急ぎの旅よりはるかに意味がある。

どこに行くにせよ、そこで1～2日以上過ごすなら、すぐにカバンの中身を取り出そう。とても単純なことだが、そこ

旅はどれだけ見るかではなく、出会うものとどのようにつながるかという哲学なのだ。自然は私たちを急がせるプレッシャーを取り除き、ゆっくりとした旅の手助けをしてくれる。

には大きな意味がある。荷物を取り出すのは、その場所に落ち着くことを意味するからだ。翌朝は移動しないという意思表示で、狭い範囲でもより深い体験を選ぶわけだ。つねに次の人気スポットに行くつもりでいたら、実際に今いる場所を気にせず、風景よりもバスの時刻表を見ることに時間を費やすだろう。だから、服をしまい、バッグを片付けて、そこに引っ越してきたように振る舞うのだ。地元の店で人々と知り合い、地元民だけが知っているトレイルや、日の出を見るのに最適な場所を公園の管理人にたずねてみよう。

ゆっくりと旅するなら、交通機関を利用するのではなく、可能な限り歩くのがいい。歩き回るときはランダムな散策を。道、匂い、そして音に導いてもらおう。それは、精神的なペースダウンと、自由な感覚に直接つながる物理的な減速でもある。気の向くままに丘に登り、滝の波紋をたどって自然の中での孤独の瞬間を体験しよう。天気やその場のリズムを感じるにつれ、その場所になじみ始めたことに気づくだろう。正確な時刻表や「見逃せない10の観光スポット」が

私たちは皆、世界のエキゾチックな場所を訪れたくなるが、すぐそばの場所でも、旅における解放とつながりの感覚において、同じくらい価値がある。家の近くの森を長く歩くことで、世界一周の冒険と同じくらい元気になる。

なければ、太陽が傾き始めたからといって暑さの中で家路に急ぐ代わりに、日陰で立ち止まっておしゃべりしたくなる。

ゆっくりとした旅の本質は、その場所に関わるすべてに感謝する時間を作ること。有名な場所だけでなく、好きなだけ立ち止まっていい。音と風景に浸ったような静けさを感じた瞬間、精神的なスナップ写真を撮る。湧き水で水筒を満たし、頭上のタカの鳴き声を聞く。息を止めて、森の中を静かに歩く動物の足音に耳をそばだてる。火のそばに座って火花が夜空に漂うのを見つめる。そんなことはガイドブックに書いてないだろう。でも、旅のハイライトはこうしたことなのだ。

今いる場所にピュアでシンプルなつながりを感じるとき、その場所は財産になる。たとえ少しの間でもどこか別の場所に住んだかのような感覚で、家に帰ってからも別世界を体験したかのように感じるかもしれない。ゆっくりとした旅は人を変えると言うのは少し大げさかもしれないが、お金で買えないお土産は確実に得られる。川に足を入れたとき小さな魚が足元をつつく感覚、自分しか知らない滝に続く名もない小道、さわやかな湧き水の味、そして服に残るたき火の匂い。そんな宝物が手に入る。

おそらく「ゆっくりとした旅」は誤った呼び方だ。「目的のない旅」「自由な旅」または「思いやりのある旅」のほうが、カメラを手放し、アプリで評価される「おすすめ」を無視し、この場所をもっと知りたいという願望を表現できる。つながりと幸せを犠牲にして、スピードとテクノロジーを追求するとき、「ゆっくり」という言葉は邪魔になる。本質的で心のこもった言葉だからだ。しかし、それは現代を拒否することでも、まばゆいばかりの郷愁でもない。速いほうがいいとは限らないと、世界が私たちに伝えたいことに気づくことにほかならない。

歩き回るときはランダムな散策を。道、匂い、そして音に導いてもらおう。それは、精神的なペースダウンと、自由な感覚に直接つながる物理的な減速でもある。

ゆっくりとした旅の本質は、その場所に関わるすべてに感謝する時間を作ること。有名な場所だけでなく、好きなだけ立ち止まっていい。

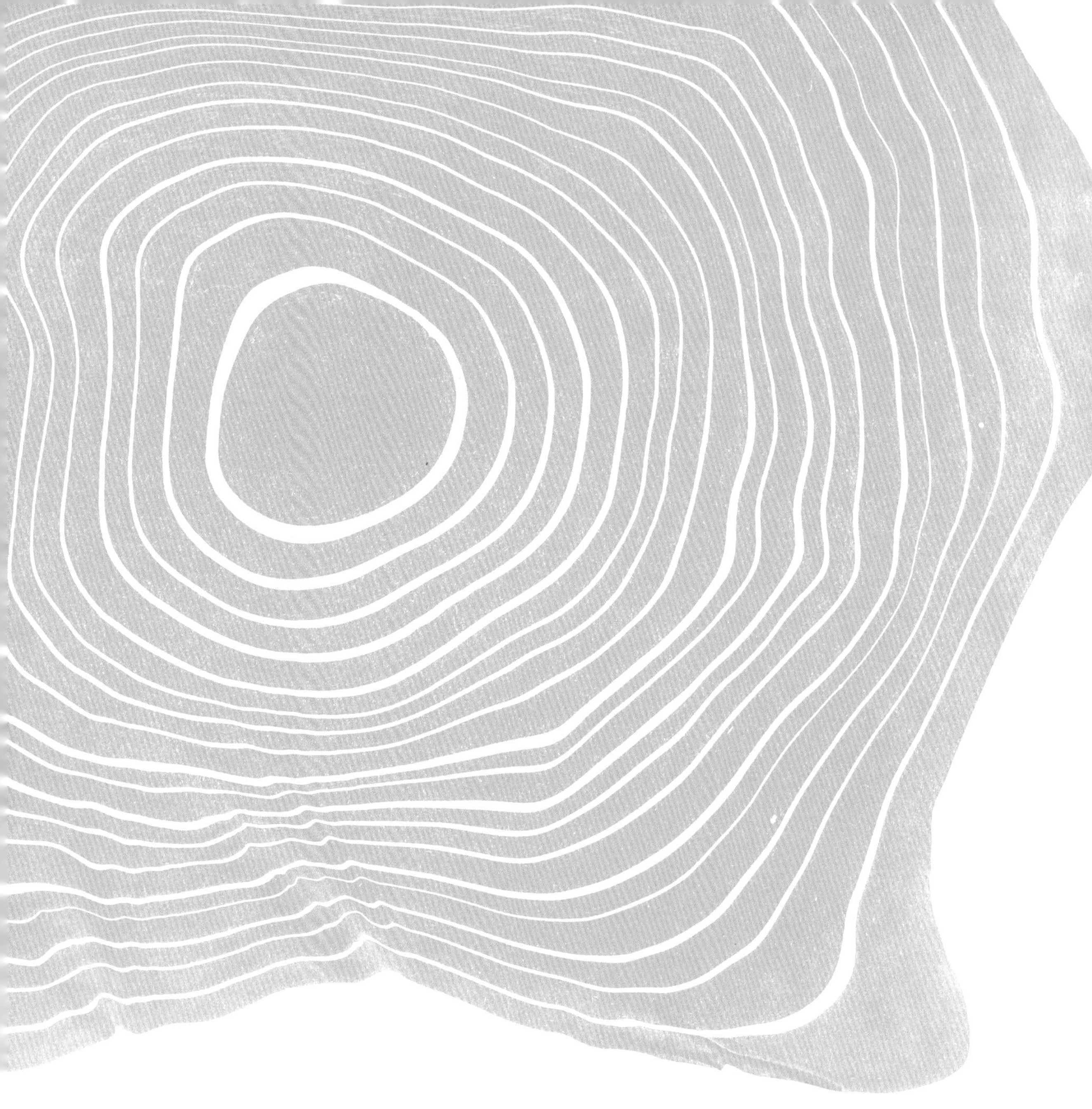

“キャビンで過ごす”
人生の意味

The Meaning of (Cabin) Life

森に建つキャビンのシンプルさこそ、素直な驚きや喜びを最大限に引き出してくれる

キャビン熱愛者
ジャック・ブースビー

私のキャビンへの愛情がどこから始まったのかはわからない。なぜならキャビンという存在自体、長い間忘れていたから。ある日、キャビンが目の前に現れたとき、子ども時代の記憶があふれるようによみがえってきた。大自然の自由には何かがある。子どもの頃のアウトドア好きを思い出させるだけでなく、大人になった自分をも誘う何か……。今、自然が私にもたらすものは、昔とまったく変わらない。すべきことは、昔のようにそこに身を投じるだけだ。

子どもの頃、まわりの家族と同じようにキャンプに行き、ぐらついたストーブで料理し、ハイキングし、「ちょっとカメラを置いて！」と母親に叫んだものだ。私はボーイスカウトの一員だったので、橋を架けたり、パチンコを作ったり、木に登ったりと、森の中ですばらしい週末を過ごしたが、泊まった場所は覚えていない。10歳の子どもに、キャビンの素朴な美学を称賛するか、泥に飛び込むかを選ばせたら、どちらを選ぶかは明らかだ。

人生が複雑になるにつれて、自然の中で過ごす時間が少なくなり、楽しみのためだけに何かをするという時間が少なくなった。あるとき、自分には何かが欠けていると気づき、同時にＳＮＳで見た美しいアウトドアの画像に魅了された。

ほとんどの人がそうだと思うが、人生が複雑になるにつれて、自然の中で過ごす時間が少なくなり、楽しみのためだけに何かをするという時間が少なくなった。あるとき、自分には何かが欠けていると気づき、同時にＳＮＳで見た美しいアウトドアの画像に魅了された。そして、昔の自由とシンプルに楽しかった記憶を少しずつ思い出したのだ。大人の視点としては、キャビンがいかにアウトドアの中心を成すかと

いうこと、その構造としつらいが子どもに戻るスペースになることもわかった。こうして私はそんな場所を見つけることに夢中になり、幸せだった時代に戻ることばかりを考えていた。

最初に訪れたのは、スコットランドのハイランド南西部グレンコー。そこでそそり立つマツの幹に囲まれたキャビンを見つけた。静けさ、日光、湿った大地の甘い香りが、すぐに私の記憶を呼び覚ましたことに驚いたのだが、サプライズはそれだけではなかった。朝早く目を覚ましたとき、部屋が奇妙で明るい光で満たされていたのだ。寝ている間に30センチほどの雪が積もって朝陽を反射していたのだが、それは神秘的なクリスマスの朝のように、または目を覚ましたら学校が休校になりそうなことを知ったときのような特別な感じがした。私は子どものように外に飛び出し、何時間も新雪の写真を撮った。ささくれだった気持ちは消え、完璧な静けさに包まれ、雪がきらめいてとてもきれいで寒さにまったく気づかなかった。私がキャビンにとりこになったのは、おそらくこのときからだ。

私がキャビンで子どものように楽しめるのは、キャビンを建てる人々にとっては不思議でなはい。すばらしいキャビン空間を造るとき、彼らは子どもの気持ちで取り組んでいるからだ。イングランド北東端のノーサンバーランド州にあるキールダー星空保護区で、星を見るため折り畳み式の屋根があるキャビンを訪れたことがある。道すがら巨大な天窓のようなものを想像していたが、期待を裏切られたことがこれまでになく嬉しかった。三角形の建物の2つの側面全体が跳ね橋のように静かに立ち上がり、とてつもなくクリアな夜空が現れるのだ。分別ある大人の発想だったら、星空を眺めたいと思ったらデッキにいいリクライニングチェアを置くだろう。だが、このキャビンはまるで子どもが描いた絵だ。まるで宇宙船のようで、誰かが実際に造ったなんて信じられなかった。

ヨークシャーに旅行したときは、ゲーム部屋に下りる滑り台があるツリーハウスで25歳の誕生日を祝った。繰り返しになるが、これは冷蔵庫に貼った「ジャック、10歳」とママの字で記された絵を見つけたようなものだ。しかもここでは実際、私は子どものように本物のおもちゃであふれた部屋に、スピードを上げて滑り降りることができたのだ。たまたま古い友人と一緒だったのだが、彼らも私と同じように反応して

ヨークシャーに旅行したときは、ゲーム部屋に下りる滑り台があるツリーハウスで25歳の誕生日を祝った。繰り返しになるが、これは冷蔵庫に貼った「ジャック、10歳」とママの字で記された絵を見つけたようなものだ。しかもここでは実際、私は子どものように本物のおもちゃであふれた部屋に、スピードを上げて滑り降りることができたのだ。

建設することだ。ここに来る人々は、よりシンプルな生活へのあこがれは、誰の心にも潜む生まれつきのものだと気づくだろう。この夢の実現は遠い道のりなので、今のところ、キャビン生活が刺激する話をできる限り伝えている。真面目できどった大人の仮面を捨てて、子どものように大自然の中を走る喜びを再発見できれば、この世界はもっとよくなると思っている。

自然と創造力の魔法のおかげで、人生を次第に覆う組織や心配を吹き飛ばすかのように、最善の方法で10歳時代を取り戻すことができたのだ。

いた。自然と創造力の魔法のおかげで、人生を次第に覆う組織や心配を吹き飛ばすかのように、最善の方法で10歳時代を取り戻すことができたのだ。

友人、家族、会ったばかりの人でさえ、誰を連れていってもキャビンは同じような効果を発揮する。いつもよりたくさん話し、同時に静かな時間もたくさん過ごして周囲の環境を楽しむ。ノスタルジックなもの、あるいはもっと根源的なもの、深くて力強い大自然の感覚。そうしたものに私たち全員がつながっているようで、まるでリラクゼーションが目に見えるようだ。忘れていた子どもの頃の一番の思い出を思い出す感覚で、それが大人になった今、大好きな体験になっていることにとても感謝している。

子どもから学ぶことはたくさんあると多くの人が言うが、私もそう信じている。私が写真に残そうとしているのは、美しい風景だけではなく、森の中で子どもが自然とこなす冒険の精神を切り取ることだ。最近ではそんな経験をする人はめったにいないし、田舎に行かない人もいる。そんな人々の子ども心を目覚めさせ、さらなる探求を促したい。夢は、広大な土地を所有し、清らかなスカンジナビア風から古い西部のフロンティア風まで、あらゆるスタイルのキャビンを

スマートフォンにさようなら

田舎のキャビンでする最高のことはフリー。「デジタル・フリー」だ

DIGITAL DETOX CABIN
(デジタル・デトックス・キャビン)
イングランド
エセックス州

ロンドンから車でわずか1時間。エセックスの田園風景が見渡せる場所に、この小さなキャビンは建っている。静かで人里離れていて、基本に戻るスタイルに設定されたこのキャビンでは、デジタル機器の使用が禁止されている。ここに到着すると、スマートフォンを取り上げられるのだ。都市部から来る人の禁断症状対策には「デジタル・フリー・ボックス」が用意されていて、ポラロイドカメラ、レトロなカセットテープレコーダー、都市部に残してきたデジタル依存症の友人や親戚に送るハガキなどが入っている。時間に余裕ができるので、近所の田舎を歩いたり、村のパブを訪れてゆっくりビールを飲んだり、キャビンの外のベンチに座って「本当に何もしないことをする」のもいい。

この魅力的な隠れ家は、起業家の2人組、ヘクター・ヒューズとベン・エリオットの作品だ。都市生活の正気とは思えないペースや長時間労働から逃れることができるのは、デジタル機器をデトックスしたときだと彼らは信じている。現代生活の罠から脱出する究極の場所は、完璧にリラックスできるこのキャビン以外にないだろう。

木々の間を飛ぶ

スウェーデン北部、
ルーレ川峡谷のマツ林に建つメタル・キャビン

DRAGONFLY
（ドラゴンフライ）
スウェーデン
ノールボッテン県

22トンもあるといえば、ドラゴンフライ（トンボ）にしてはとても重いが、だまされてはいけない。このキャビンはスウェーデンのマツ林の中、木々の間にエレガントに浮いているかのように吊り下げられているのだ。15メートル（49フィート）の通路を登ってたどり着き、Wi-Fi、モダンなバスルーム、薪ストーブ、エアコンを完備し、家族4人が過ごせるサイズ感。2つのビジネスグループが会議に使う多目的空間にもなる。そしてゲストが集まる部屋では、広大な渓谷が借景となる。

他と一線を画す
スタイル

ナチュラルカラーの風景の中、
ひとときわ目を引く元気色

BLUE CONE
(ブルー・コーン)
スウェーデン
ノールボッテン県

スウェーデンの樹木林に位置するツリーホテルは、保養目的のキャビンへと続くビレッジだ。ブリッタ・ヨンソン=リンドバルとケント・リンドバルが創り出したビレッジには、記憶に残るキャビンがいくつもあり、マツをはじめとする青々と茂る木々に囲まれた大自然に包まれている。おそらく2人が子どもの頃にした冒険や読んだ本を思い出し、ビレッジに反映させたのだろう。

この森にあるほとんどのキャビンが木々の間に高く建てられているが、「ブルー・コーン」だけは違う。まず、木々が広く見渡せる尾根の、岩だらけの地面近くに建っている。しかも、キャビンは青くない。また、コーン(円錐)形でもない。この4人用のキャビンは、真っ赤な箱と急角度の屋根でできていて、見ただけでわくわくする。内部はすべてナチュラルな色調で、真っ白な壁、マツ材の家具、そして大きな窓からは、しんと冷えた北欧の風景が一望できる。

木々を見下ろす部屋

北極圏から数マイル。スウェーデンのマツの森で木の高さに眠る

THE CABIN
（ザ・キャビン）
スウェーデン
ノールボッテン県

この本で紹介されている数々のツリーホテル（「ミラーキューブ」「セブンス・ルーム」「ドラゴンフライ」「ザ・バーズ・ネスト」「ブルー・コーン」）のひとつで、このこじんまりとしたカプセルは4本の木の間に吊るされ、角度によっては宙に浮いているようにも見える。急な斜面の上に位置し、木々の間に架けられた長い橋を渡ってアクセスする。橋の終点では正面玄関も宙に浮いているようだ。その向こう側に、座るスペースとカプセル内部に降りる階段がある屋外デッキが広がっている。

大きな窓と豪華なクッションのある部屋の真ん中にベッドが陣取り、くつろぎながら森の風景とその向こうのルーレ川峡谷を眺めることができる。森の中を静かにトレッキングしていくと、そう遠くない場所にブリッタ・ヨンソン=リンドバルのゲストハウスがあり、そこではボリュームたっぷりの食事が待っている。9月から3月までは、地元の釣り旅行や野イチゴを摘みながらの散歩も楽しめる。夜になれば、暗い空を彩るオーロラを見ることもできるだろう。

モダンで斬新な ツリーハウス

フランス中央高地の西の森のツリーハウスは、モダンな家の快適さに満ちている

LE CÈDRE BLANC TWO
（ル・セドレ・ブラン・トゥー）
フランス
コレーズ県

ここはとても魅力的な木のキャビンだ。一生懸命働いて得た休暇は、リラックスするために田舎に逃げたいが、家の快適さはあきらめたくない都会人にぴったり。必要最小限のコンセプトでデザインされているが、チェッカー・タイル張りのシャワー室、小さなユニットキッチン、テレビ、ネスプレッソ・マシンなど、最新の設備が揃っている。しかも、これらのモダンな設備が、キャビンのナチュラルな味わいを犠牲にしているわけではなく、すっきりとしたデザインがまわりの木々に快適に寄り添い、違和感はない。内装は外の木々と調和する木板で施され、巨大なガラスの壁によって森の景色がそのまま室内に広がっているかのよう。「ル・セドレ・ブラン・トゥー」は、40ヘクタール（100エーカー）の美しい森にあり、コレーズ県に点在するサラニャック・キャビンのひとつである。

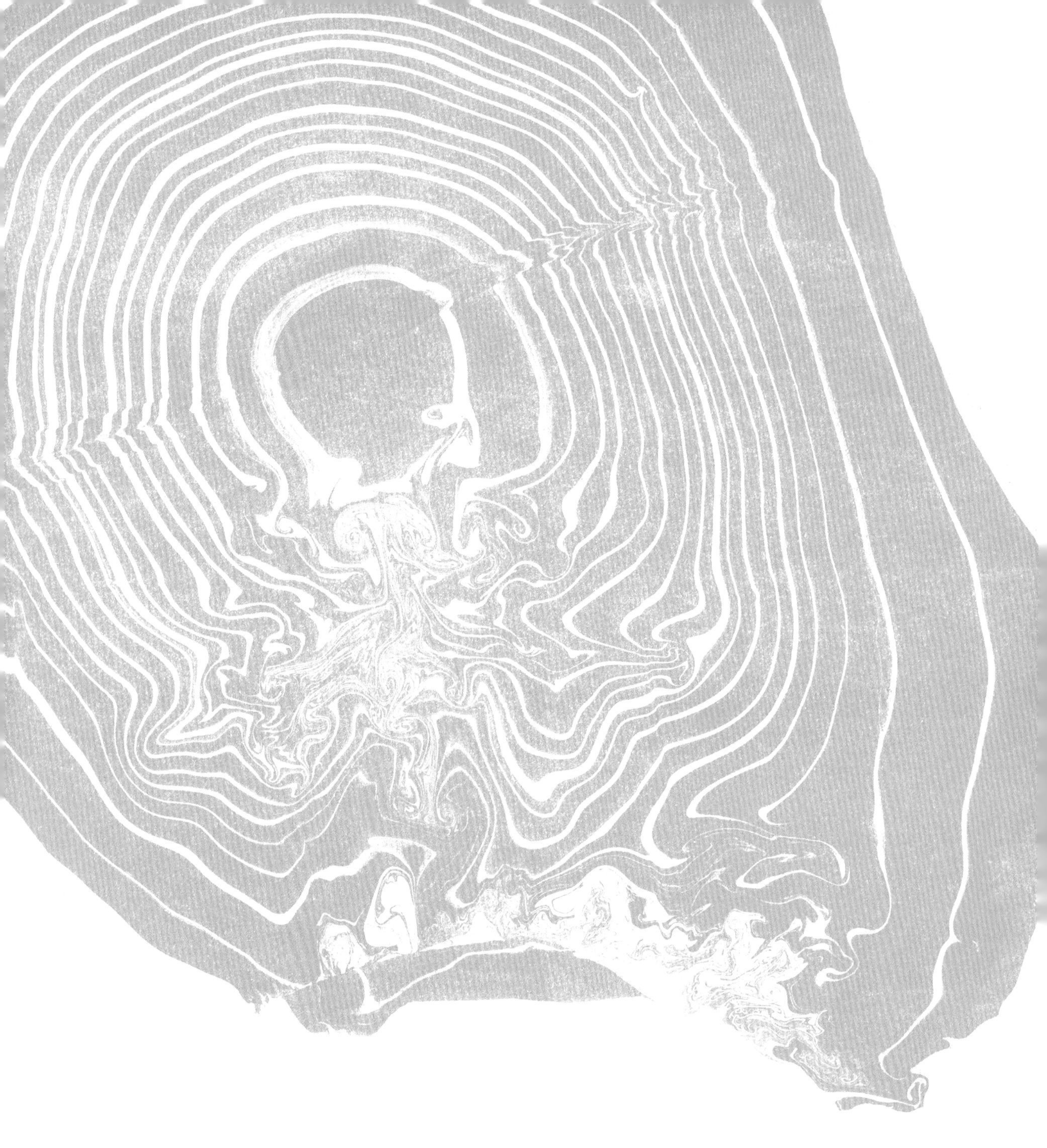

週末にさすらう

Weekend Wanderings

自然の中、ごく短時間で何が得られるか、確かめてみよう

マイクロアドベンチャー愛好家、探検家
シャン・ルーイス

このエッセイは小さな冒険への讃歌。大半の人々は、世界をめぐる探検家やエベレストの登頂者でもないし、森に住んでいるわけでもない。すべき仕事があり、子どもやペットの食事を用意し、ゴミを出さなければならない。大旅行なんてめったにできない。でも、気軽にできる小さな冒険旅「マイクロアドベンチャー」だって、精神的に同じようにいいと言いたい。マイクロアドベンチャーは誰もができるし、忙しいスケジュールに合わせやすい。自然を楽しむことに焦点を当て、大自然を探検したり、自然の中で暮らしたり、日常から逃れたりするわけでなない。もちろん障壁や凍傷もない。

誰にでも自分に見合ったマイクロアドベンチャーがあるが、週末を自然の中で過ごすことよりシンプルな楽しみは少ないと思う。

マイクロアドベンチャーのよい点は、どんな形でもかまわないこと。でも私は、「1〜2日間で気軽に出かけられ、遠くなく、初心者でも容易に自然と触れ合える旅」と、大まかに定義している。自然を味わうのに海を渡る必要はないことを忘れないでほしい。近くにも自然がある。例えば国立公園、壮大な山に登ったり、忘れられた道を歩いたり、海で泳いだり、星の下で眠ったり。地元での冒険には、飛行機で旅行するより環境にやさしいというメリットもある。地球への悪影響が軽減されるのだ。そして、地元レベルのマイクロアドベンチャーで得られる喜びのひとつは、優れた防水ジャケットやしっかりした登山靴などいくつかの基本アイテムを手に入れたら、外に出るのがどれほど簡単でお手頃であるかを知ることだ。

誰にでも自分に見合ったマイクロアドベンチャーがあるが、週末を自然の中で過ごすことよりシンプルな楽しみは少ないと思う。丸太小屋、居心地のいいユルト、ツリーハウスなど、どんな「避難所」を選ぶかは自由だが、私のお気に入りの行き先はオフグリッドで、まわりの風景に溶け込んでいるような場所。そこではピコピコ音がするスマートフォンやシュッと鳴るノートパソコンを手にせず、まわりの世界に接

続しよう。かつて、森林伐採地にひっそりとたたずむ古いコテージに滞在したことがある。暖房も電気もなかったので、真冬はジャンパーを重ね着し、薪ストーブに木をくべ続けなければならなかった。それでも、キャンドルの灯で本を読んだり、森の荒れた道を歩いたり、木を切って運んだり、毛布を重ねて眠ったり、ストーブのちらちらする火をながめたりする穏やかな時間は、忙しい都会生活とは異なる完璧な週末だった。火を絶やさず燃やし続け、野外で料理をし、寝る前に星を眺める……。そうやって人里離れた場所で過ごすシンプルな楽しみ方は、週末の短い滞在を冒険に変え、いつまでも忘れらない思い出となる。

もちろん、外に出なければ、それはマイクロアドベンチャーではない。新しい場所を探索する私のお気に入りの方法は、歩くこと。あらかじめ地図を見ることも楽しみのうちだ。新しいハイキングルートを計画するのは大変なことのように思えるかもしれないが、初心者向けの方法はたくさんある。どこに住んでいても、どこに泊まっていても、すばらしい未知のトレイルや散歩道が近くにある可能性がある。各種のマッピングアプリをダウンロードして、新しいハイキングルートやサイクリングルートを探すのもいい。私は海岸の小道を歩くのが大好きなのだが、いつも海を右側に見て歩く限り迷うこともない。

ハイキングの経験が豊富なら、山の近くに滞在するといい。山のハイキングで深呼吸する気持ちよさは、何ものにも代えがたい。日の出や日の入りの時間に山をトレッキングするも大好きで、これは雄大な冒険をほんの数時間で体験できる完璧な方法だ。ただし、ヘッドライトは忘れないで。

都市に住んでいるからといって、冒険できないわけではない。都市の広がりに伴い、地元にも何か新しいものが見つかるかもしれない。ジオキャッシング（ＧＰＳを使った宝探しゲーム）に登録してトレジャーハントに参加したり、小さな都市なら中心部から郊外まで数時間で歩いたり走ったり。地元の電車に乗って今まで訪れたことがない美しい場所を見つけても、お茶の時間に間に合うように帰宅できるだろう。個人的には、空気で膨らませるパドルボードを購入して、新しい視点を得たいと思っている。内陸の水路に沿って漕いだり海岸に行ったりすることで、自分の街や地元の海辺をまったく違った方法で見ることができるのだ。

山のハイキングや運河をボートで漂うのが大好きだが、自

自然とつながりたいときに頼るのは川や湖、海で泳ぐワイルド・スイミングだ。たちどころにこの青い地球とのつながりを感じることができるのだ。

新しい場所を探索する私のお気に入りの方法は、歩くこと。あらかじめ地図を見ることも楽しみのうちだ。

然とつながりたいときに頼るのは川や湖、海で泳ぐワイルド・スイミングだ。それは、1日どころか昼休みでもできる完璧なマイクロアドベンチャーで、自然との一体感が得られる。たちどころにこの青い地球とのつながりを感じることができるのだ。季節ごとに泳ぐと、まわりの自然がどう変化しているか、肌で感じとることができる。ワイルド・スイミングのガイドブックやウェブサイトでは、秘密の滝壺や岩だらけの入り江まで、泳げる場所を紹介している。大胆になりたければ、スキニーディップ（裸で水泳）で自由を満喫しよう。泳ぐこと、それは驚くほど私たちを解放的にさせる。究極のストレス緩和剤であり、どんなに退屈な日でも特別な気分にしてくれる。

ここで警告。マイクロアドベンチャーには中毒性がある。マイクロアドベンチャーは、自由な時間に新たな意味を与えるからだ。地元を歩こう。注意深くなろう。どんなときにも可能性を見つけよう。ほんのちょっと飛び出すだけでも、おなじみの場所から新しい発見があることに驚くだろう。つまるところ、冒険の核心はすべて自身の視点に宿るのだ。

ドーセットでぜいたくに悩む

バスタイムは3種類。美しい森のツリーハウスの快適さ

THE WOODSMAN'S TREEHOUSE
（ザ・ウッズマンズ・ツリーハウス）
イングランド
ドーセット州

ドーセット州の南部、イギリス海峡に面したジュラシック・コーストから10マイル（16キロ）内陸に位置する「ザ・ウッズマンズ・ツリーハウス」は、いかにもアウトドア風な田舎の村の雰囲気で孤立した場所の一角を占め、「クラフティ・キャンプ」の名で知られている。古いオークの木に囲まれた家は、丸太や板で美しく細工されており、正面はこけら板で覆われ、高床式。見かけはシンプルな室内だが快適さは桁ちがいで、部屋の中央の薪ストーブの近くで革のひじ掛け椅子に座ったり、うっそうとした外の景色を眺めながら銅製の大きなバスタブでリラックスしたりできる。ほかにもバスタイムの選択は3つ。デッキで激しい雨のようなシャワーを浴びるもよし、外のホットタブに浸かるもよし。螺旋階段で屋上に行き、ひとり用のサウナで汗を流すのもいい。すばらしいツリーハウスにふさわしく、ロープ橋でアクセスし、出口には楽しい滑り台がある。自然を楽しみ、ぜいたくな体験をしてもらおうと造られた宿泊場所のひとつで、どこも周囲の景観に溶け込み、持続可能な方法で建てられている。

丘に立つブリキの「山頂」

小さなキャビンの自慢は高いドーム天井と緑の景観

CABAN COPA
(キャバン・コパ)
ウェールズ
ポーイス

ドーム型のブリキ屋根が描く優美な曲線……。ゆるやかな斜面に建つこのキャビンの名前「コパ」は、ウェールズ語で「山頂」を意味している。正面ドアはファイアーピットのあるデッキに向けて開かれ、そこには目を見張るような風景が広がっている。一日中楽しめるハイキングルートやサイクリングトレイルもある。キャビンの中に戻ると、明るくカラフルなテキスタイルが白く塗られた壁に映え、横に長くとられた大きな窓は昼から夜へと刻々と変化する風景を映し出す。ベッドタイムになったらロフトに上がり、夜明けまでぐっすり眠ろう。

水辺の
完璧な静養地

内も外も静かで上品。
美しく修復されたボートハウス

BOWCOMBE BOATHOUSE
（ボウコム・ボートハウス）
イングランド
デヴォン州

ほどよく木々が茂るバルコニーに座って川を眺めていると、いつまで経っても「ボウコム・ボートハウス」での静けさは変わらないことに気づく。芸術家で料理研究家のミランダ・ガーディナーが丹念に修復したこのボートハウスには、彼女の作品がいくつか飾られ、クールな色調の塗装とナチュラルなテキスタイルで、自然の魅力あふれる独特の雰囲気だ。バルコニーから室内に入って、薪ストーブの近くのコーナー・ソファでくつろいだり、川を見下ろす窓際の椅子でまどろんだりするのもよい。しかもこのボートハウスにはカヤックが置いてあり、川に漕ぎ出すこともできるのだ。

RAIN CHANCE FAIR
MUCH RAIN
SET FAIR
STORMY
VERY DRY
BAROMETER

コーンウォールの採石場に隠れる

グランピング・サイトとは景観になじむことと教えてくれる場所

THE DANISH CABIN
(ザ・ダニッシュ・キャビン)
イングランド
コーンウォール州

コーンウォールの伝統的な消防署のデザインにインスピレーションを得た、この背が高く幅の狭いキャビンは、使われなくなった鉱石採掘場の一角に建つ。18ヘクタール(45エーカー)のクドゥヴァ・グランピング・サイトにあるオフグリッドな短期休暇施設のひとつで、都市生活から離れて大自然と深く関わることができる。ちなみに、クドゥヴァはコーンウォールの方言で「隠れ家」を指す。

荒削りに計算されたこのキャビンは、起伏の激しい周囲の地形と同様、冒険的なアウトドアタイプの人を惹きつけてやまない。付近には、湖、クライミング向きの岸壁、採石場の頂上には12メートル(40フィート)の滝を内包する洞窟。サイトからはトレイルがはるか海岸まで続き、いくつものハイキング用の小道と交差している。

キャビンは、小川や森に咲く花に囲まれたウッドデッキ上に建てられ、計算された木骨造で軽量のポリカーボネート製の壁が使われている。この壁は中間点で折れ曲がる構造で、持ち上げれば外に向かってキャビンをオープンにできる。プライベートバーのカウンターに座っていようが、ロフトで寝そべっていようが、まわりの自然とのつながりをつねに感じさせるキャビンである。

丘陵地帯で オフグリッドに暮らす

「樫の木に囲まれた家」は 南仏のシンプル・ライフができる素朴なキャビン

CHÂTEAU DANS LES CHÊNES
(シャトー・ドン・レ・シェン)
フランス
エロー県

「シャトー・ドン・レ・シェン(オークの城)」での滞在には、魔法のような何かがある。ここはオーラングドック地域自然公園の中心で、何百年も景観が変わらない丘と谷、オークの森、ブドウ園を見下ろせる高台に建っている。そんな周囲の原始的で素朴な雰囲気と同様に、この隠れ家は完全にオフグリッド。シャワーは雨水と太陽熱を、調理と飲用には近くの湧き水を使う。2枚のソーラーパネルで照明用の電気をまかない、バイオトイレを備えている。屋根はこけら板、内部は木材張りで、広々とした1階部分は間仕切りがなく、カントリー・スタイルのキッチンやがっしりとした木製の家具がしつらえてある。ロフトには天蓋付きのダブルベッドが2つ。薪ストーブが暖かく快適で、泳いだり、カヌーを漕いだり、ワインの試飲など、一日を楽しんだ後にくつろぐのに最適なキャビンだ。

ロマの精神とは何か

色鮮やかなロマのワゴンに囲まれて、自然と共に暮らすロマンを満喫する

THE VINTAGE VARDOS
（ザ・ヴィンテージ・ヴァードス）
イングランド
デヴォン州

「ビッグ・テッド」「レッド・ラム」「リトル・ジェム」「ティッピン」と名付けられたワゴン（「ヴァード」はロマ語で馬が引くワゴンの意味）が森の牧草地に見え隠れしている。ここは家族の集まりやグループで休暇を過ごすのに最適な場所だ。フィッシャートン農場のオーナー、ギャビンとジェマ・ドイルが愛情込めて修復した4台の色鮮やかなワゴンは、植物と動物の宝庫であるデヴォンシャーの田舎を探索する基地となる。計14人を迎え入れても余裕で、手作りのダイニング・テーブルや、熱いお湯が出る屋外シャワーなど、家庭的な暖かさもある。近くにはタルカ・トレイル自転車道やエクスムーア国立公園、美しいビーチなどのスポットがある。

特権階級の空気感

ポルトガル、モンデゴ渓谷の壮大な景色。キャンバス・ロッジで味わう豪華なグランピング

MACIEIRA LODGE
（マシエイラ・ロッジ）
ポルトガル
ベイラ

「マシエイラ・ロッジ」は、10ヘクタール(25エーカー)の広さを誇るヴィンヤ・ダ・マンタ農園にある８つのキャンバス・ロッジのひとつ。日の出から日の入りまで大自然と一体化できるよう、隔絶された場所に建っている。周辺にはオリーブ、アーモンド、桃、サクランボ、イチジク、リンゴなど、ロッジの名前にもなっている木々が植わっている（「マシエイラ」はポルトガル語でリンゴの木の意味）。そして、ろ過装置を備えた環境にやさしいプールなど、自然のすばらしさを強調した設計だ。ロッジ内部は、周辺の景観の形や色からインスピレーションを受けたカスタムメイドの家具が揃っていて、このロッジより心からリラックスできる場所を探すのは難しい。毎日の朝食のデリバリー、便利なキッチン、アウトドア・バスルームなどは快適で、ここにいる限りこの牧歌的なロッジから出ていく理由はないのだが、希望すればオーナーのメノー・シモンが自家製のオーガニック素材で作る４つのグルメコースを堪能したり、彼のパートナーのジャクリーン・スティーマンと乗馬を楽しむオプションもある。単独で行動したい人も、ハイキングや川で泳ぐなど、いろいろな楽しみが見つかるだろう。

何もしない悦び

The Joy of Doing Nothing

何もしないのに最適な場所、それが自然。刺激を受けすぎる生活から逃れるメリットを感じよう

キャノピー&スターズ社
デビッド・ウェスト

最後に何もしなかったのはいつ？　電話はない、気を散らすものもない、何もしない……。おそらく思い出せないのでは？　私たちはいつも忙しい時代にいる。燃え尽き世代で、休息と回復の概念を持たず、時間に余裕がなく、経済的に苦労していて、不安で、セックスレスな仕事中毒であると言われている。そう思うと、何もしない方法を学ぶことは、何かに熱狂し、刺激を受けすぎる日々を生き残るために欠かせない能力になるかもしれない。

何もしない方法を学ぶことは、何かに熱狂し、刺激を受けすぎる日々を生き残るために欠かせない能力になるかもしれない。アウトドアで過ごすことは、退屈を味わう絶好のチャンスでもある。

この「何もしないこと」ができない理由のひとつは、都市部がますます拡大していることだ。2050年までに世界の人口の約70パーセントが都市部に住むと推定されており、2018年は54パーセント、1950年は30パーセントだったことを考えれば、確実に増加する。この都市生活への偏重で、私たちの気を引くものがそこかしこに見られる。それは看板や電光掲示板ではなく、いろいろな形でまとわりつくような感覚で、「何かすることがあるんじゃないの？」と思わせるもの。何かを逃してしまう恐れがあって忙しさに駆り立てられているが、私たちが本当に逃しているのは「そうした感覚を捨てる」ことだ。何もしないことへの恐れを捨てることである。

このことを念頭に置いておけば、休日に何かをしなければという気持ちから開放されると思うかもしれないが、多くの人にとって、休日はアクティビティや達成感で満たす時間となっている。だから、アウトドアで過ごすことは、退屈を味わう絶好のチャンスでもある。現代の都市とは異なり、自然はほとんど何も要求せず、与えてくれるだけ。自然は何もしない練習をするのに最適な場所なのだ。

では、退屈な休日のために何を持っていけばいい？　理想的にはできるだけ少ないほうがいいだろう。自然は着るものなんか気にしない。数冊の本、トランプ、そして飲み物

数本、これで十分だ。軽装イコール自由、である。

到着したら、ガイドブックを読んだり、忙しく旅のプランを立てたりしないこと。ポーズボタンを押して周囲に溶け込んでみよう。木の香りや大きく広い空を楽しみ、好きな酒を飲めば理想的だ。時間をかけて、精神的にも肉体的にもリラックスする休日にしよう。こんな休日を勧めるのは、あるエビデンスがあるからだ。神経科学者の研究によって、人間の脳は休息に依存していることがわかっている。何もしないで過ごす時間は、私たちの精神的および肉体的な健康にとって不可欠なのだ。休息することで経験を刻み込み、記憶を確かなものにし、創造性を高めることにもつながるという。

もちろん最初は大変だが、何もしないということは、じっと座って夜空を見つめるだけという意味ではない。自然の環境に囲まれたり、キャンプファイヤーでシチューをつくりながら火をいじったりと、小さなことに宿る喜びを思い出すことでもある。いつもすることを義務ではなく、楽しみを感じる瞬間と受け取ることは、精神的および肉体的なメリットとなる。たとえ洗い物をするときでも、だ。

ロマンチックな関係にさえ、退屈から受ける恩恵がある。奇妙に思うかもしれないが、日常生活から離れて何もすることがなければ、話す時間が増えるだろう。自分は何者でどうなりたいのかなどと深い会話が生まれ、より親密な関係になれる。どう話をすればいいかわからなければ、次の3つの質問をしてみよう。「今、人生で何を祝いたい？」「今、チャレンジしていることは何？」「前に進むのに何かしたいことがある？」

この時点で、もっとアクティブなことが必要だと気づいたら、散歩に出かけてみよう。ポイントは、目的地を決めずに出発すること。足の向くまま、気の向くままに歩くのだ。歩きながら、鳥のさえずり、ハイキングブーツが泥を踏む音、足に絡む草の感覚など、周囲の環境に注目してみよう。ゆっくり、あてもなく、歩く感覚を楽しむといい。

散歩から戻ったとき、まだ携帯電話を部屋の隅に追いやっていなかったら、今がそれをするときだ。腕時計も外そ

短い休暇でさえ、免疫を高め、ストレスを減らすのに十分だ。帰宅後、友人や同僚に休日に何をしたか聞かれたら、シンプルに「何もしていない」と答えよう。そう言うことに誇りを持ち、弁解もいらない。

う。私たちは、小さな2つの針、もしくは小さな4つの数字にとらわれすぎている。それは単に時計であり、食事どきを教えてくれるおなかがぐうぐう鳴る音ではない。携帯電話のアラームだって、起きる時間を告げる日の出やおんどりの鳴き声とは違う。偉大な自然は、機器依存に対する完璧な救済策だ。自分の自然な本能を引き出そう。そうすれば、1日が長く感じるかもしれないし、よりリラックスできて夜もよく眠れるだろう。

睡眠は健康のための最良の薬と報告されているが、忙しい日々を過ごしていると、いつも安らかな夜を迎えられるとは限らない。疲れ果ててベッドに倒れこんでも、なかなか眠れないとよく耳にする。研究によると、新しい環境は睡眠の質に多大な影響を与える可能性があり、その理由のひとつは「関連性」である。寝室がいかに快適で静かでも、その場所は何回寝返りをうっても眠れなかった夜との関連性がある。一方、アウトドアで何もしない1日を過ごした夜の場合、そんな関連性はない。明日の仕事を考える代わりに夜空の星を数えれば、すぐに眠くなるだろう。

短い休暇でさえ、免疫を高め、ストレスを減らすのに十分だ。帰宅後、友人や同僚に休日に何をしたか聞かれたら、シンプルに「何もしていない」と答えよう。そう言うことに誇りを持ち、弁解もいらない。訪れた場所をすらすら言えなくても、罪悪感や恥ずかしさを感じる必要もない。

簡単そうに聞こえるが、何もしないことには時間と労力がかかるものだ。だから、居心地悪くても難しいと思っても、がっかりしないでほしい。何もしないことは運動と同じで、練習が必要だ。最初はつらいかもしれないが、やればやるほど簡単になる。自然の中で休暇を過ごす時間がない場合は、お湯が沸くのを待つときや列に並んでいるとき、電車やバスに乗っているときに携帯電話から目を離し、世界を眺めてみよう。最初は退屈するし違和感があるかもしれないが、忙しくするより、ただその場にいることに心地よさを感じられるようになるだろう。

簡単そうに聞こえるが、何もしないことには時間と労力がかかるものだ。だから、居心地悪くても難しいと思っても、がっかりしないでほしい。何もしないことは運動と同じで、練習が必要だ。最初はつらいかもしれないが、やればやるほど簡単になる。

海辺にたたずむ家で

外は大きく広がる海原。
カジュアルにアップサイクルされたキャビン

THE BEACH HOUSE
(ザ・ビーチ・ハウス)
イングランド
ケント州

草が茂った砂利に建つ、かつては見捨てられ荒廃した住居はビーチハウスに生まれ変わった。2つのベッドルームがある仕切りのない間取りで、むき出しの木の床と白く塗った壁、付近で見つけたものがさりげなく置いてある。オーナーのシモン(クールで持続可能な生活空間のデザイナー兼ビルダー)とアン・アボットが愛情を注いで修復したこの海辺の住居は環境にやさしく、完璧にオフグリッドでソーラーパネルを備えている。屋根で雨水を貯めているがこれは生活用なので、ゲストは飲料用水を持参しなければならない。薪ストーブと、プロパンガスで給湯されるシャワーはまちがいなく快適だ。リビングにはブランコが、デッキにはハンモックが用意され、ここは都市から離れてリラックスできる究極の場所だ。波の音に身を委ねるのもいい。

普段は人けがない海辺は野鳥保護区内で、6マイル(10キロメートル)の円形ハイキングルートからは、タカの仲間のヨーロッパチュウヒ、フクロウ、蝶などの野生動物が観察できる。

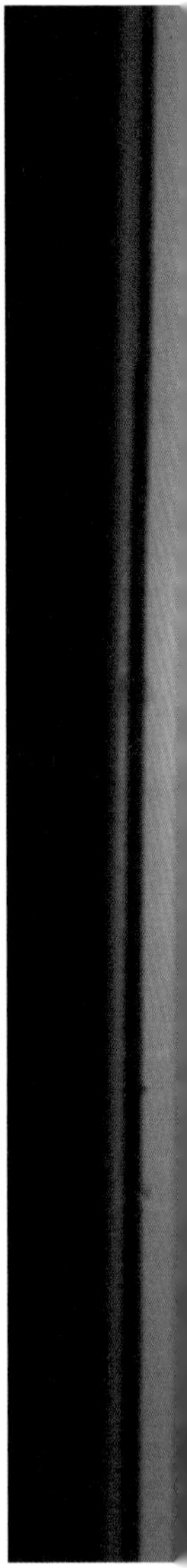

100年前の風車の魅力とは

ポルトガル中部のなだらかな丘に立つ、ぐるりと景色が広がる田舎の別荘

MOINHO DA FADAGOSA
(モイニョ・ダ・ファダゴーサ)
ポルトガル
アルト・アレンテージョ地方

英国人のオーナーのシモン・ブロードとフィオナ・マクレディのていねいな復元作業により、廃墟からよみがえった石造りの風車小屋。今も100年前の風格を保っている。ベッドルームになっている2階には古い製粉機器が、階下には古い石臼(「モイニョ」はポルトガル語で石臼や製粉所の意味)でできた机がある。シンクは石でできたニワトリの砂浴び用のボウルを利用し、シャワー台に至ってはかつてウシの飼い葉桶だったものだ。外にはアウトドア用のテラステーブルがあり、周辺の丘を臨むすばらしい景観が楽しめるし、肌寒くなったら室内の大きな暖炉脇の椅子でくつろげる。

この風車小屋に近いタグス川はワイルド・スイミング天国で、カワウソ、カメ、ザリガニといっしょに泳げる。ハイキングしたいなら、丘や山に続くいくつものトレイルへ。しかし、何といってもこの場所の魔法のような瞬間は、一日の終わりにやってくる。夜のとばりがおりると、フクロウの鳴き声やナイチンゲール歌声をＢＧＭに、満天の星が輝き始めるのだ。

Contributors 寄稿者

Canopy & Stars

キャノピー&スターズ社

キャノピー＆スターズ社は、10年以上にわたって、人々に自然とのつながりを取り戻すようインスピレーションを与えてきた。そして、ユニークな宿泊施設コレクションのキュレーターとして、何千人ものゲストにヨーロッパのアウトドア施設を紹介している。検査チームはすべての場所を訪れ、世の人々のためにもっとワイルドな生活を送ることの喜び、利益、重要性を探っていて、この仕事が環境や社会をよりよくする力になると信じている。過半数の株式を社員が保有し、24パーセントが環境問題に取り組む慈善団体が保有。Bコープ（B Corpは社会や環境に配慮し、公益性の高い企業が取得できる国際的な認証制度）の認証を受けていて、予約が入るごとに敷地に木を1本ずつ植えている。

www.canopyandstars.co.uk

Ruth Allen

ルース・アレン

アウトドアを科学する(P.82)

ルース・アレンは、イングランドのピークディストリクト国立公園を拠点とする心理療法士、トレーナー、作家であり、エコ心理療法をアウトドアで実践することを専門としている。伝統的な会話療法、体の働きや動き、実存哲学の要素をまとめ、屋外のワイルドな場所に応用するのが彼女の仕事だ。私たちの内面的・外面的な旅、それらについて語る物語、そして孤立して過ごす時間が人と地球に与え合う影響に興味を持っている。

Jack Boothby

ジャック・ブースビー

“キャビンで過ごす”人生の意味(P.158)

ジャック・ブースビーは、シンプルな空間でシンプルな生活をすることを讃える「キャビン・フォーク（キャビン人）」の創設者である。自分で撮った写真とインスタグラムを駆使して、時間のない人々にアウトドアを紹介し、自然とのつながりを取り戻すように呼びかけている。イングランド北東部に拠点を置いているが、世界中のキャビンや風景を撮影している。彼は写真で物語を紡ぎ、一瞬を切り取りたいという願望に駆り立てられている。

Mya-Rose Craig

マヤ-ローズ・クレイグ

自然界の未来(P.106)

マヤ-ローズ・クレイグ、別名バードガールは、熱心なバードウォッチャーであり、自ら設立した組織、ブラック・ツー・ネイチャー（Black2Nature）の代表である。この組織は、田舎で過ごす余裕のないマイノリティー・コミュニティに焦点を当て、すべての人が自然に平等にアクセスできるように働きかけている。名誉博士号を授与された史上最年少の英国人であり、世界に生息する鳥の半数を見た最年少の人物でもある。

Emily Eavis

エミリー・イービス

はじめに：アウトドア・ライフ(P.5)

エミリー・イービスは、世界的に有名なグラストンベリー・フェスティバルの共催者である。サマセットの田舎にあるワージーファームで育った。そこでは毎年フェスティバルが開催され、現在は夫と3人の子どもといっしょに暮らしている。10代の頃からフェスティバルに関するさまざまな組織で重要な役割を果たし、訪れる20万人近くの人々と、ＢＢＣが放映するライブを視聴する何百万人もの人々をくぎづけにしている。グラストンベリーのチャリティー・パートナーである団体「オックスファム」「グリーンピース」「ウォーターエイド」と手を携え、環境保護に熱心に取り組んでいる。その取り組みのひとつとして、フェスティバルでの使い捨てペットボトルの販売を大々的に禁止した。

Chris Elmes

クリス・エルムス

最高の人生、もっとワイルドに(P.42)
ペースダウンしよう(P.152)

クリス・エルムスはキャノピー&スターズ社のコピーライターで、会社の2人目の社員。ドラムとダンスのワークショップの上の小さな部屋が手狭になったときに入社した。彼は世界中を旅し、世界の魅力を紹介してきた。たとえキウイしか食べずにニュージーランドを2日間歩くことになったとしても、その所在が誰にもわからないときほど幸せなことはない。

Gill Meller

ギル・メラー

アウトドアの食糧庫(P.136)

ギル・メラーは、シェフ、フードライター。そして彼の哲学を込めた料理教室「リバー・コテージ」から生まれ、いくつかの賞にもノミネートされた本の著者でもある。彼は、少ない材料と自然の恵みを最大限に活用する、シンプルで季節性の高い料理に情熱を注いでいる。料理は周囲の環境からできあがるものと考え、風景や地域性、食材を提供してくれる農家、生産者、漁師からインスピレーションを得ている。

Siân Lewis

シャン・ルーイス

週末にさすらう(P.184)

シャン・ルーイスは、英国のブリストルを拠点とする、受賞歴のある旅行作家、アウトドア・ジャーナリスト、解説者、ブロガー、司会者である。仕事で中央アメリカのジャングルからグリーンランド、オーストラリア、タイなどあらゆるところに行き、クラゲの刺し傷におしっこしても役に立たないことを学んだ。世界中を旅するとともに、アウトドアに幸せを見つけ、初心者でも簡単にできる冒険を提案することに一生懸命だ。

David West

デビッド・ウェスト

何もしない悦び(P.234)

デビッド・ウェストは、2014年からキャノピー&スターズ社の主要メンバーであり、ソーシャルメディア上での成長を取り仕切る。仕事と音楽への情熱を組み合わせ、長年レコードレーベルも運営し、世界中のアーティストとコラボレーションしている。田舎をハイキングすること、それが仕事として報酬があろうがなかろうが、アウトドアにいるのが大好きである。

Index 索引

Stargazer's Wagon
(スターゲイザーズ・ワゴン)
イングランド　ヘレフォードシャー
P.54-55
写真：Iris Thorsteinsdottir

The Beach House(ザ・ビーチ・ハウス)
イングランド　ケント州
P.240-245
写真：Ellis Anastasiades

The Beermoth(ザ・ビアモス)
スコットランド　ケアンゴームス国立公園
P.92-93
写真：Walter Micklethwait

The Bird's Nest(ザ・バーズ・ネスト)
スウェーデン　ノールボッテン県
P.122-123
写真：Peter Lundström

The Cabin(ザ・キャビン)
スウェーデン　ノールボッテン県
P.176-179
写真：Peter Lundström

The Chapel(ザ・チャペル)
イングランド　シュロップシャー州
P.64-67
写真：
P.64-65 Claire Penn
P.66 Joanna Nicole
P.67 Sabina Ruber

The Danish Cabin
(ザ・ダニッシュ・キャビン)
イングランド　コーンウォール州
P.206-213
写真：George Fielding

The Ferry Waiting Room
(ザ・フェリー・ウエイティング・ルーム)
スコットランド　ローモンド湖・トロサックス国立公園
P.6-9
写真：Melanie Lewis

The Island Cabin
(ザ・アイランド・キャビン)
ノルウェー　アグデル県
P.110-115
写真：
P.110(上) Knut Elvind Birkeland
P.110(下) P.111 P.113 Ingeborg Lindseth
P.112 P.114-115 Kasper M. de Thurah

The Lake(ザ・レイク)
イングランド　コーンウォール州
P.148-151
写真：Rupert Hanbury-Tenison

The Roundhouse(ザ・ラウンドハウス)
イングランド　コーンウォール州
P.56-59
写真：Emma Mustill

The Vintage Vardos
(ザ・ヴィンテージ・ヴァードス)
イングランド　デヴォン州
P.220-225
写真：Owen Howells

The Woodsman's Treehouse
(ザ・ウッズマンズ・ツリーハウス)
イングランド　ドーセット州
P.188-195
写真：
P.188-190 P.191(右) P.192 P.193(右上、左下、右) P.194-195 Alexander Steele-Perkins
P.191(左) P.193(左上) Haarkon

Woodland Cabin(ウッドランド・キャビン)
イングランド　コーンウォール州
P.74-75
写真：Owen Howells

Essays 寄稿文

Our Outdoor Pantry
アウトドアの食糧庫
P.136-139
写真：
P.137(上) P.138 Andrew Montgomery
P.137(下) P.139 Daniel Alford

Our Wild Future
自然界の未来
P.106-109
写真：
P.107(下) P.108 Harry Baker
P.107(上) P.109 Kate Peters

Slowing the Pace
ペースダウンしよう
P.152-157
写真：
P.153(上) P.154(下) P.156(上) Harry Baker
P.153(下) P.156(下) Ellis Anastasiades
P.154(上) P.157 Adam Partridge
P.155 Chris Buxton

The Joy of Doing Nothing
何もしない悦び
P.234-239
写真：
P.236-237 Daniel Alford
P.235(下) Ellis Anastasiades
P.238(上) Harry Baker
P.235(上) P.238(下) P.239 Chris Buxton

The Meaning of (Cabin) Life
"キャビンで過ごす"人生の意味
P.158-161
写真：Jack Boothby

The Science of Stepping Out
アウトドアを科学する
P.82-87
写真：
P.83(下) Ellis Anastasiades
P.83(上) P.85(下) Owen Howells
P.84 P.87 Daniel Alford
P.85(上) Knut Elvind Birkeland
P.86 Chris Buxton

The Ultimate Life More Wild
最高の人生、もっとワイルドに
P.42-45
写真：
P.43(上) Natalie Reid
P.43(下) Paul Ligas
P.44(下) Harry Baker
P.44(上) P.45 Owen Howells

Weekend Wanderings
週末にさすらう
P.184-187
写真：Jacob Little

STAY WILD

Original edition conceived, edited, designed and published by gestalten
Edited by Robert Klanten and Lincoln Dexter
Co-edited by Canopy & Stars (Chris Elmes, Ruth McMenamin and Dawid West)

This translation is published in Japan in 2022
by Graphic-sha Publishing Co., Ltd.
1-14-17 Kudankita, Chiyodaku, Tokyo 102-0073, Japan

編者プロフィール

ゲシュタルテン

ドイツ・ベルリンに拠点を置く出版社。1995年の設立以来、デザイン、アート、建築、フードデザイン等、さまざまな美術関連書を刊行している。近年は、本書をはじめ多くのアウトドア、ライフスタイル系の書籍を編集、出版。美しい写真と世界をカバーする取材力の高さで、常に話題を集める。

キャノピー＆スターズ社

英国を中心に、ヨーロッパのユニークで創造的なキャビンやツリーハウスに泊まり、アウトドアで過ごす極上のグランピング体験を提供する旅行代理店。もっとワイルドな生活を送ることの喜びや重要性を探っていて、この仕事が環境や社会をよりよくする力になると信じている。環境問題に熱心に取り組み、持続可能な旅を実現している。

Stay Wild
自然の中で過ごす極上のキャビン

2022年6月25日　初版第1刷発行

編者　ゲシュタルテン（©Gestalten）
共編者　キャノピー＆スターズ社（©Canopy & Stars）
発行者　長瀬 聡
発行所　株式会社 グラフィック社
〒102-0073 東京都千代田区九段北1-14-17
Phone: 03-3263-4318　Fax: 03-3263-5297
http: www.graphicsha.co.jp
振替：00130-6-114345

印刷・製本　図書印刷株式会社

制作スタッフ
翻訳　志藤 進
組版・カバーデザイン　小柳英隆
編集　笹島由紀子
制作・進行　南條涼子（グラフィック社）

ISBN 978-4-7661-3611-1 C0076
Printed in Japan